# Narrative Counseling in Schools:
## Powerful & Brief

# 学校里的叙事治疗

【英】John M. Winslade & Gerald D. Monk ◎著

曾立芳◎译

中国轻工业出版社

## 图书在版编目（CIP）数据

学校里的叙事治疗/（英）温斯雷德（Winslade, J. M.）等著；曾立芳译.—北京：中国轻工业出版社，2014.2（2022.12重印）

ISBN 978-7-5019-9603-2

Ⅰ.①学… Ⅱ.①温… ②曾… Ⅲ.①中小学—教育心理学 Ⅳ.①G44

中国版本图书馆CIP数据核字（2013）第299413号

## 版权声明

*Narrative Counseling in Schools: Powerful & Brief*

English language edition published by Corwin Press, A SAGE Publications Company of Thousand Oaks, London, New Delhi, Singapore and Washington D. C., © 2008 by Corwin Press.

Simplified Chinese translation copyright © 2013 by China Light Industry Press
ALL RIGHTS RESERVED

---

总 策 划：石 铁
策划编辑：阎 兰　　　　　　责任终审：杜文勇　　　责任校对：万 众
责任编辑：戴 婕 阎 兰　　　责任监印：刘志颖

出版发行：中国轻工业出版社（北京东长安街6号，邮编：100740）
印　　刷：三河市鑫金马印装有限公司
经　　销：各地新华书店
版　　次：2022年12月第1版第7次印刷
开　　本：710×1000　1/16　印张：12.50
字　　数：93千字
书　　号：ISBN 978-7-5019-9603-2　定价：30.00元
著作权合同登记 图字：01-2012-8599
读者热线：010-65181109，65262933
发行电话：010-85119832　传真：010-85113293
网　　址：http://www.chlip.com.cn　http://www.wqedu.com
电子信箱：1012305542@qq.com
如发现图书残缺请与我社联系调换
130558Y2X101ZYW

# 目 录

序言 ·································································· 1
    为咨询对话开创空间 ············································· 2
    叙事的隐喻 ······················································ 2
    超越时空的限制 ·················································· 3
    叙事治疗与其他治疗取向的不同是什么？ ·························· 4
    如何阅读本书 ···················································· 6
    第二版新增内容 ·················································· 6
    致谢 ······························································ 7
关于作者 ··························································· 9
第一章  **什么是叙事治疗** ·········································· 11
    透过故事而活 ··················································· 12
    叙事咨询的一景 ················································· 13
第二章  **叙事治疗的实践** ·········································· 35
    学习指南 ······················································· 35
    叙事治疗的阻碍 ················································· 36
    做为合作伙伴的咨询师 ·········································· 39
    基本假设 ······················································· 40
    在咨询室中应有的态度 ·········································· 48
    叙事治疗的进行方式 ············································ 54

**第三章　重建名声** ························· 85
　　存在于校园的论述 ························· 85
　　校园内的描述 ··························· 87
　　教师的权力 ···························· 91
　　关于障碍的论述 ·························· 94
　　反抗 ······························ 99

**第四章　与身陷麻烦的学生对话** ···················· 103
　　偷窃的问题 ···························· 104
　　课堂中的问题行为 ························· 107
　　ADHD 带来的问题：SMART 取向 ···················· 113
　　施虐行为的问题 ·························· 115
　　旷课的问题 ···························· 128
　　转学生的问题 ··························· 132
　　修复 ······························ 133
　　咨询与训导 ···························· 137

**第五章　透过叙事治疗与团体、班级、社区工作** ·············· 139
　　实践的责任 ···························· 140
　　与大范围的学校社群工作 ······················ 142
　　建立支持社群 ··························· 148
　　团体工作 ····························· 151
　　以班级为单位进行团体咨询 ····················· 177
　　班级辅导课程 ··························· 182
　　开始与学校对话 ·························· 186
　　结语 ······························ 189

**参考文献** ····························· 191

# 序 言

如果你是校园中的咨询工作者，或者你是一名教师，并期待能够与学生进行更多建设性的对话，我们希望本书的理念能够为你提供更多的可能性。

本书的第一版出版后，发生了许多变化。在撰写第一版时，我们居住在新西兰，并与学校咨询师和心理学家工作。现在我们两人已移居美国，并与加州的高校和公立学校合作。我们学习并了解了北美学校咨询师的工作角色，但不变的是我们对于叙事治疗的热情。本书是从我们对叙事治疗，以及透过叙事理念所可能发展出的各种对话的热情出发。叙事治疗在新西兰和澳洲已有多年的发展，因为 David Epston 和 Michael White 富有创意、勇气以及他们充满爱的工作方式而得到广大回响。叙事理念的影响范围扩及北美洲、南美洲、美国、欧洲、非洲、亚洲和中东地区。叙事治疗在家庭治疗的领域中受到极大瞩目，但我们担心学校咨询师可能较少接触这个领域而与这个治疗取向的发展失之交臂。因此，我们希望透过叙事的理念讨论校园内发生的事，与学校心理咨询师直接对话。

## 为咨询对话开创空间

学校咨询师和心理学家的工作情况因国情、地域而不同，更因不同的学校风气、文化而异，也因公立、私立学校不同而有所差别。在某些学校，咨询师淹没在例行的行政责任当中而难以提供其学有专精的咨询服务。我们相信，在所有咨询师工作的脉络当中都存在着发生"对话"的可能，即使不是在传统心理治疗中标准的50分钟的完整咨询。我们总是可以带着尊敬的态度进行对话以表达对于社会正义的关注。我们发现，以认真的态度创意地进行对话，总是能够带来令人惊奇的效果。

## 叙事的隐喻

当我们以叙事的方式思考时，对话总是有着创意和意想不到的效果。"故事"而非"真实"形塑出了我们的生活——这是简单而深刻的提醒。尽管单单是后现代与叙事的理念已经引起了学术界广大的回响，但我们仍须着力在实践时将理念转化为具体可行的工作方法。叙事治疗正是如此，它可行并且十分切合学校咨询工作的脉络。本书中，我们力求深入浅出地介绍这些方法，使读者能在工作中加以应用。

叙事的理念使我们能够以全新、开放的方式贴近青年学子和教师们于日常生活中所面对的困难，鼓励他们应对校园生活和社会期待之余，仍能创造对自己有意义、贴近自己渴望的生活。我们相信叙事治疗可以提供一个有力、有效的对话架构，并为人们带来校园和社区生活的改变。它同时也帮助我们与所处的文化、性别、经济环境更好地"合作"或"对抗"。

## 超越时空的限制

我们注意到学校咨询师不得不在校园生活的各种情境中提供咨询。通常在压力下，咨询师必须快速地提供建议，而非展开持续的对话。由于时间的挤压，通常咨询师甚至很难在课堂之间挤出几分钟的时间与学生对话。在如此紧迫的时间下，很难针对学生的需要进行大量倾听、同理、跟随其主观经验的以个案为中心的咨询。咨询师们当然也无法进行心理动力学这种旷日持久的治疗。当然咨询师也可以只提供建议和方向而不进行会谈。对学生"下指导棋"当然比了解他们对于学校、生活和工作的想法要来得快速。虽然给建议对于咨询师而言是较节省时间的方法，但对于身陷问题的学生而言，若未能真实了解他们的目标和渴望，建议常常是无效的处遇方式。

本书提供了许多对于需要辅导的青年学子快速有效的处遇方式，大人无需进行无效的指导和说教。更重要的是，我们发现年轻人对于叙事治疗的反应远大于成年人。他们喜欢在对话过程中所感受到的尊重和以游戏的方式讨论生活中的严肃议题。在我们的经验中，咨询师也享受透过叙事的思维进行的咨询工作。他们发现自己常能透过叙事"感染"了学生的活力。

## 叙事治疗与其他治疗取向的不同是什么？

叙事治疗与其他治疗取向的基本假设不同。我们相信这些基本假设使得叙事治疗很适合应用在学校咨询中。我们在这里列出以下七种基本假设：

一、叙事治疗不试图做长期的人格重建。想要解决当下的问题不一定要回到童年的创伤。在学校咨询工作中，因为学生可能仍在童年，所以回溯童年经验是不太可能的。叙事是一种短期的咨询方式，所以相较于需要深度探索的治疗取向，更适合学校情境。

二、叙事并不需要咨询师的"专家知识"（尽管研究的统计结果认为这很重要）。叙事咨询师相信改变需要的是当事人自己的知识。

三、叙事治疗不认为唯有情绪渲泄才能带来个案的改变。这并非意指叙事治疗师只注重认知而忽略情感。相反的，咨询师看见、关心、并尊重问题所带来的情绪。我们认为情绪或情感（一如想法与认知）是在故事里发生，并将随着故事的改变而变化。一个人的情绪反映着他／她在当下故事里的位置。如果他身陷于问题故事当中，我们不会像其他治疗师一样将焦点放在一个人的情绪上。原因是我们更想要邀请人们离开问题故事，拥有自己的能力和资源，并藉此找到解决方法，使自己有能力驾驭问题。

四、叙事取向的咨询工作不像其他治疗取向，特别偏重此时此地或是过去的经验。原因是故事会自然地随着时间开展。所有当下的发生都有着过去与未来。我们想要连结这样的时刻，并特别着墨在支线故事的探索上，使之成为未来的发展方向。只将焦点放在当下意味着在咨询工作中可能失去某些重要的资源。

五、叙事取向的咨询工作不需要来访者学习理论的各种术语。叙事咨询师也无需教导来访者以特定的方式说话。相反的，叙事要求咨询师倾听来访者（本书中指的是学生）的隐喻，并且学习他的语言。因此，无论来访者的学识或年龄如何，皆可从叙事治疗中受益。即使是小孩（有人认为特别是小孩）很适合透过隐喻工作。有经验的叙事咨询师会学习和使用孩童的语言和说话方式。

六、叙事并不将个人视为独立于家庭、同侪团体或其他重要他人的个体，而是将周遭的重要他人视为见证来访者为生命努力的支持者。这个取向不只强化个人力量，同时也特别适合用以建立社群、网络的关系。学校本身就是一个小社群，不同人必须在此学会互相适应，由这点出发我们相信叙事治疗特别适用于学校情境。

七、最后，传统心理学认为在文化及社会期待的影响下存在着恒常不变的人格结构，而叙事治疗并不采用这样的观点。我们发现这样的假设普遍存在于心理咨询的各派理论中。叙事治疗探究"论述"本身的影响，留意文化的多元性，以及主流论述如何形塑童年经验。如此，叙事治疗要求咨询师们在咨询过程中尊重多元文化并留意文化力量如何影响着孩童的生命经验。

在当今社会中，学校咨询师面对着日益增加的个案量以及个案的复杂性，我们相信叙事治疗将能有效地回应生命经验的复杂并解除咨询师的工作压力。带着好奇和愿意从来访者的生命中学习的态度，将为咨询过程带来能量，并解除咨询师承担专家角色的压力，使得来访者能透过"叙说故事"重新看到自己的勇气和生命力。

## 如何阅读本书

在讨论叙事治疗的工作方式时，说故事自然是必不可少的一部分。因此我们在本书中将引用大量实例说明叙事治疗如何应用于学校的咨询工作。第一章透过一位学校咨询师与学生的互动说明咨询工作如何进行，它尝试提供对叙事治疗的基本架构的指引，以及在叙事访谈过程中可以涵盖的问句。第二章提供叙事治疗的步骤与架构。第三章我们选择了几个常见于校园的给学生贴上标签的论述。第四章主要讨论如何与在校园中面对问题的学生进行咨询工作。本书的最后一个章节将焦点扩大至班级和社群。我们在此讨论与重要他人、团体、班级、社区甚至是整个学校的工作方式。

## 第二版新增内容

在第二版中，为了增加本书的实用性，我们回应了读者的要求和他们关注的议题。在第一版中，大部分的故事来自于新西兰的校园咨询工作。在第二版中，我们涵盖了更多美国学校咨询师的工作经验。我们也回应了当前美国校园咨询工作的现况。在这个领域中，美国学校咨询协会（American School Counselor

Association）的模式深深地影响了这个领域的发展。我们在新版中提供了更多关于团体咨询和班级辅导的参考资料。第五章特别强调学校咨询师的责任并提供了建立咨询计划的资源请读者参考。

我们也回应了叙事治疗近年来的发展。关于叙事治疗的文献大量涌现，对于学校咨询工作的研究也有长足的发展。Tina Besely（2002）在其著作《儿童咨询工作：福柯、权力与主体性伦理》(Counseling Youth: Foucault, Power, and the Ethics of Subjectivity) 一书中讨论了本书第一版的若干观点，我们也针对此一批评在第二版中做出了修正。此外，我们也在本书新版中涵盖了 David Nylund 与多动症（ADHD）儿童的工作，以及 Marie-Nathalie Beaudoin 和 Maureen Taylor 的实务经验。本书同时包含我们以及其他实务工作者（特别是 Wendy Drewery）将叙事治疗的精神进行规范性的工作的经验，我们将此称之为"韧力实践（restorative practices）"。我们还增修了许多在第一版中所没有的实例讨论。我们因此相信，第二版的内容相较于1999年的第一版，拥有更为详实的内容。

# 致谢

本书基于我们多年来在校园内与儿童工作的实际经验，同时也来自我们在 Waikato 大学教授咨询时，与学生交流的经验。许多故事案例来自于加州大学 San Bernardino 分校，以及圣地亚哥州立大学咨询课程的学生们的工作经验。许多身为学校咨询师的学生在实务工作上创意十足，他们的工作经验使得本书更为生动、充实。我们要特别感谢 Nancy Paulsen 同意我们在本书第五章中引用她的故事。我们也要感谢 Aileen Cheshire、Dorothea Lewis、Donald McMenamin、Pamela Gray-Yeates、Elizabeth Jordan、Coral Stuart、Nigel Pizzini 和 Ian Frayling 允许我们在本书中运用他们与儿童工作的故事。Jeffrey Kottler 在这个工作计划中具有高度的影响力，我们要特别感谢他的鼓励与支持。感谢 Donald McMenamin, Aileen Cheshire、Rolla Lewis、Jeffrey Kottler 和 Heather-Ann Monk 阅读本书初稿并给予批评指教。我们也要感谢 Waikato 大学的同事 Wendy Drewery、Kathie Crocket 和 Wally McKenzie，我们共同发展了具有叙事与社会建构精神的工作方案。本书只是这个方案计划的部分成果。

John Winslade 与 Gerald Monk 于加州

2006 年

# 关于作者

**John M. Winslade** 为加州大学 San Bernardino 分校咨询教育学系的教授。他曾任新西兰 Waikato 大学咨询教育学系的系主任。其主要专长为教学、学校咨询以及婚姻家庭治疗。他对法庭调解也有相当的兴趣及研究。他同时是《叙事治疗的实践：希望的考古学》（*Narrative Therapy in Practice: The Archaeology of Hope*，1997）的主要编辑与作者之一；与 Gerald Monk 合著了《叙事治疗的实践：冲突解决的新途径》（*Narrative Mediation: A New Approach to Conflict Resolution*，2000）；与 Lorraine Hedtke 合著了《与生命重逢：与濒死者及亡者对话》（*Remembering Lives: Conversations With the Dying and the Bereaved*，2004）。作者曾于新西兰、澳洲、美国、欧洲、中东、加拿大多次举办运用叙事精神进行法庭调解的训练课程。

**Gerald D. Monk** 是 San Diego 州立大学（SDSU）的教授，同时也是咨询与学校心理学系的代理主任。其中有五年时间他作为学校咨询方案的指导教授，协助南加州多所学校建立了咨询系统。他是婚姻家庭注册治疗师，并担任国家冲突解决中心（National Conflict Resolution Center）San Diego 家事法庭的顾问及训练师。主要专长是咨询和教育心理学。同时他也是资深的独立执业心理治疗师（叙事治疗）。他在1993年于新西兰 Waikato 大学攻读硕士学位期间接触到叙事的。此后他撰写了许多叙事理念的相关书籍，并且于世界各地举办叙事治疗与法庭调解的训练课程。

# 第 一 章
# 什么是叙事治疗

Ron 是 Hamilton 地区的学校咨询师，他在办公室门口贴了以下的标语：

---

**问题剋星**

**提供服务包括：**

　　终结留级

　　扭转坏名声

　　从"孩子变成成年人"的担保

　　结束"无聊"

　　终止麻烦

　　与父母或老师结盟

　　解决各种疑难杂症

**我们的格言**
"问 题 是 问 题，人 不 是 问 题。"

---

Ron 在他的工作场所以一种奇特、富有创意、引人入胜的方式与学生对话。人们对于门口的标语有些好奇。有学生询问它的意思。Ron 乐于向他们解释，他认为人是在问题的重量下努力挣扎，但人不等于问题。他说，他看到如果为问题发生去责怪人，被责怪的人会因为罪恶感和羞耻感动弹不得而无法去做想要的改变。他对咨询的描述是"找到一种言说问题的新方法，让问题消失。"门口的标语代表一种全新的说话方式。他特别将问题描述成敌人，而将人与问题分开。

虽然没有长篇大论，Ron 对于叙事治疗的咨询方式有着相当的热情。叙事治疗与他的理念不谋而合。他特别喜欢叙事治疗那种尊敬人本身的言说方式。

## 透过故事而活

> 别人告诉我们的有关我们自己的故事以及我们自己告诉自己的故事，构成了我们的生活。

叙事治疗相当简单。它的基础是，所有人都透过故事了解自己和环境。然而，故事并不是只有单一作者。许多童年时期在家庭、学校、宗教场域和社群的经验所形塑而来的主流故事支配着我们的生活。这些机制则是由更大的社会脉络的故事支配。主流故事时常影响着我们如何看待自己。这些故事常为人们的生活制造问题。换句话说，叙事治疗将问题放置于文化脉络，这意味着，咨询师和来访者两者皆必须思考自己在文化中的定位。强调文化定位是叙事治疗的一大特色，这与其他强调科学实证却鲜少留意文化脉络是如何影响问题的建构与解决的其他咨询学派有着极大的差别。

如果我们将一个人在学校的主线故事定位在生性愚钝、素行不良、害群之马，那他将依循这样的生命故事脚本而活。这样的负向描述将造成标签化的效果。一个人要如何摆脱品格障碍、学习障碍或情绪障碍这样的标签？这样的描述会给人带来什么样的影响？人们要如何摆脱这样在个人档案里所建构的形象，而同时还在学校的文化和老师的的评价里创造他们渴望的生活？

> 被建构的负面形象常常如影随形。

本书将用部分篇幅讨论被标签为"问题儿童"的学生所面对的议题，以及这样的孩子在校园中，这样的标签对他们的个人价值和自尊所带来的影响。

## 叙事咨询的一景

为介绍叙事治疗，我们想要为读者呈现我们在撰写本书时，Ron在学校的一段真实的咨询过程。这将使您感受一个叙事咨询师与来访者工作的意图。这一段过程将引领您进入叙事咨询的精神，以及过程中的问话技巧。在后面的章节里，我们将更详尽地解释如何透过叙事精神开展对话。我们也将讨论如何在不同情境下，实践叙事精神。

但首先，我们要告诉您一个关于Alan的故事：

## Alan

Alan是个九年级的学生。他的外号是"麻烦精",这个外号在学校如影随形地跟着他。在八年级的时候,他有两次陷入留级边缘。

在九年级学期开始时他的名声愈来愈不堪。根据他过去的表现,他的历史、数学和科学老师都说Alan拒绝学习。他在课堂上咆哮、顶嘴,并在未经允许的情况下离开教室。在新学年开始不到三周,大家都开始讨厌Alan。"麻烦精"的名号不径而走。

在家中,Alan会嘲笑他的姐妹,有时和母亲Judy顶嘴,但他的母亲相当爱他。Judy会出席所有的家长日,并主动让老师们了解Alan在家是个很乖的小孩,尽管有时淘气犯错,但都不是恶劣的行径。她知道Alan在刚开始上学的前几年所发生的挣扎。他似乎就是适应不良。他的两个妹妹似乎很容易就适应了学校生活,但Alan在学校总是觉得格格不入。

根据Judy的描述,Alan有整整两年的时间跟几个老师处不来,他就是没办法达到这几个老师的标准,没办法完成作业。他在学校就像是个异类。

Alan低着头坐在Ron的办公室里,他被老师带来咨询。这是最后的希望了。Alan看起来和学期开始时一样,像只斗败的公鸡,嘴角丧气地下垂,脸色相当难看。

Ron单刀直入:"我不强迫不想来的人。"

这样的方式很适合Alan,虽然当时Ron还不知道。在

第一章 什么是叙事治疗

> Alan 开始思考之前，Ron 用一种实事求是的态度说："留级对你比较好吗？"Alan 耸耸肩，用一种沮丧、呆板的语气说，"我不知道。"

Ron 身为师长，但却相当尊重学生的发言权。他想要听听 Alan 对于自己生活的想法。一般情况下，学生通常是大人们分析、教导的对象，甚少有机会表达行为背后的渴望、事件对自己或他人的影响。成人通常替学生完成这样的思考并且将结论直接灌输给他们。对大人们的结论耸肩、板着脸通常是学生回应这种情况的仅有的表达。

因为学生鲜少有机会反应、思考自己的想法和环境的状况，所以许多人被问到重要的事情时，通常会回答："不知道。"像 Alan 这样的学生事实上有着丰富的知识，但如何挖掘这样的知识即使对一个很有技巧的咨询师而言也是一大挑战。

Ron 很快了解 Alan 并未完全放弃适应学校文化和课业要求的努力。学校许多规定在 Alan 眼中没有意义，但他拒绝成为"麻烦精"。

Ron 很快以上述观点看待 Alan。Alan 的头发有日晒的痕迹。他的脸上有雀斑，看起来较同龄的小孩成熟。Ron 通常对于来访者抱持友善的态度。他想要知道学生们的渴望、恐惧、梦想和痛苦。他相信每个人都有着天赋和能力，只是对某些人而言仍有待发掘。为了 Alan 的天赋与能力，Ron 须要赢得他的信任。如果没有 Alan 的信任，无论 Ron 采取任何咨询方式都无法发挥功效。除非 Ron 能先建立信任的基础，否则他也将被 Alan 麻烦精的名声打败。

就像所有心理治疗，与来访者建立稳固的治疗关系是相当重要的。你在咨询训练中学到的主动投入和倾听的技巧在叙事治疗中是必不可少的。

叙事咨询师首先必须避免对人进行自我认同的总括性的概述（totalizing descriptions），特别是当这样的概述将人局限在问题当中时。总括性的概述以寥寥数字摘述一个人并使其他人依此与之互动。这忽略了人及其行为的多元性，并以过度简化的方式排除了许多可能性。Ron 拒绝将 Alan 看成麻烦精。他想要听听 Alan 如何描述问题故事。他也想探索问题故事如何影响了 Alan 对于生命的展望。

于此同时，他真心地想要寻找在 Alan 的生命故事中，不符合"麻烦精"这个主题的支线故事。其他短程学派治疗师称之为寻找"例外"。Ron 不让总括性的概述"绑架"人们的自我认同和对生命的展望。然而，他也如侦探一般寻找线索——但并不是 Alan 的不良记录，去证明 Alan 真的是麻烦精；相反地，他在寻找证据，证明 Alan 的能力和知识以对抗"麻烦精"的主线故事。

> 叙事咨询师首先必须避免对人进行自我认同的总括性的概述，特别是当这样的概述将人局限在问题当中时。

叙事咨询师对于支持来访者能力的讯息特别敏感（特别是与主述问题相关的部分）。咨询师储存这样的讯息，并运用在稍后的咨询过程中。这样的讯息是为来访者建构出较贴近"渴望故事"的素材。

## 第一章 什么是叙事治疗

在咨询进行的前一天，Alan的妈妈接到学校电话，要求将Alan带回家中停学一天。那天Alan咒骂老师，行为被描述为具有"高度对抗性"。今天他表现得相当顺从。因为他已在退学或无限期停学的边缘。

Ron请Alan同意自己问他五个问题，并且补充说："要是我一不小心问起来没完而显得'得意忘形'了，你可要提醒我哦。"

当Ron不断地问问题时，Alan有了可以运用的"讯号"。Ron持续地（带着尊重的态度）"好奇"Alan在学校的经验，使得Alan卸下心防。原本生硬的"我不知道"，被更多生动的表情和语言所取代。

---

叙事治疗师的工作姿态之一就是"带着尊重的好奇"。咨询师对来访者不会有过多先入为主的假设。"带着尊重的好奇"十分有助于咨询师探索问题对来访者的影响，以及来访者如何采取行动减轻问题影响。

---

Ron和Alan之间的对话持续进行着：
Ron (R)："麻烦"第一次在学校找上你是什么时候？
Alan (A)：我就是讨厌老师认为他们什么都知道，而且强迫你要接受他们的观念。

虽然Alan显得生气，但他在回答问题时有许多思考。他解释"麻烦"是在他三年级时找上他的。

Ron 探索了"麻烦"找上 Alan 的模式。它们似乎常出现在违反 Alan 的正义感之时，而这时他会产生愤怒的反应。一旦愤怒到达某个程度，麻烦就随之而来了。Alan 提到有一次他和朋友被抓到在店内"顺手牵羊"的事件。他不认为自己是"贼"，只是经不住朋友的言语刺激才去偷鱼饵，让大家可以去附近的溪流钓鱼。这是他第一次见公安，还被通知学校。从这时候开始，Alan 在学校的处境就愈来愈糟。

Alan 和 Ron 很快就建立了关系。Alan 受到 Ron 不寻常的提问方式所鼓舞。Ron 说话的方式表达的是"问题"是独立在 Alan 之外的生命或人——虽然"问题"和 Alan 有着紧密的连结。

---

叙事咨询师运用"外化"的对话，将问题与人分开，并为之命名。这样细致的语言运用，将使得来访者开始体验到问题来自外在。外化的对话为来访者创造更多的空间，让自责和羞耻的影响得以减轻。

---

Ron 将"麻烦"外化，并与 Alan 共同探索"麻烦"对他的影响。

R：在店里顺手牵羊被抓到对你的影响是什么？
A：我真的不知道。我不喜欢被抓到。
R：被抓到对你和妈妈、妹妹的关系有什么样的影响？
A：我跟妈妈相处得很好，但当我被抓的时候，她真的很生气，之后我被禁足了一个月。

当 Alan 继续回应麻烦为他的生活所带来的影响时，他开始发现麻烦的优势与劣势。Ron 仔细地勾勒出麻烦的故事。这使得 Alan 逐渐厘清围绕着麻烦的问题故事。在他听到自己的故事时，他逐渐对于麻烦所带来影响有了更全面的了解。

此时，Ron 用完了他的五个问题，他询问 Alan 是否可以再多问几个。

> 透过给"问题"命名，咨询师得以勾勒出"问题"的影响，并且探索问题和来访者的优势。首先，勾勒影响的问话将问题与人分开，在这个过程中，来访者充分体验问题使他和旁人所付出的代价。咨询师接着询问来访者对问题施加的影响。

R：你认为麻烦是愈来愈强大还是愈来愈虚弱？
A：（跌坐回椅子上）最近它好像愈来愈大了。
R：你觉得麻烦已经完全掌控了你的生活吗？还是还有些地方是它还没办法掌控的？

Ron 冷静地问着这些问题。他不想要让 Alan 觉得咨询师将代替他面对这些挑战。Ron 也不想催促 Alan 必须对问题故事采取任何立场，虽然 Ron 问的问题很明显地将带领 Alan 朝此方向思考。

对 Alan 而言，新学年似乎是场灾难。然而，这样的问话让 Alan 感觉到麻烦并未"占领"他所有的学校生活。Alan 很喜欢他的体育老师，觉得他很酷。Alan 在冲浪校队里表现杰出，冲浪也使他产生自信和控制感。他酷爱冲浪，这是他的热情所在，目前为止，他认为自己是"为冲浪而活"。

上英文课时，Alan 的学校生活也不那么令人挫折。他的英文老师年轻、有热忱而且她的课让学习变得生动有趣。事实上，麻烦从未出现在英文课和体育课上。取而代之的，是与老师良好的关系和其他令人愉快的事。

---

在不同的故事浮上台面之后，咨询师开始有机会转移会谈的方向。叙事的焦点在于来访者不受问题故事（例如在 Alan 的情境里，是"麻烦"）掌控的其他生活层面。对大部分的学生而言，在学校被认定的问题，在生活的其他层面其实并不存在或甚少出现。

---

R：（寻找有别于问题故事的支线故事入口。）Alan，"麻烦"在这几堂课怎么没办法控制你？

A：嗯，有时候也会。昨天我没有完成该写完的短文。我在看冲浪杂志，Davies 小姐气炸了！

R：好，（他了解要发展较渴望的故事过程通常是进三步退两步。）有没有任何时候，你感觉"麻烦"快要掌控一切，但你阻止了它？

A：嗯……大概有过。

---

咨询师选择将注意力放在对来访者重要且与问题故事不同的经验上——无论这样的经验再短暂、再微小。这样的经验片段是创造新故事的题材。透过"特殊意义事件"的问话（White & Epston，1990），咨询师厘清来访者对"问题故事"的影响。

A：当 Davies 小姐发脾气的时候，我真的很冷静，而且完全没有顶嘴。

R：这让你很惊讶吗？

A：是啊，我有几个朋友等着看我发飙，但我没有，连我自己都很惊讶。

R：你是怎么做到没有发飙的？当时一定很不容易。

A：我也不知道。

Ron 之前也听过这样的回答，但他相信对这个问题的了解对 Alan 很重要。他希望 Alan 能通过回答这个问题，在以后麻烦试图影响他时，能有方法对抗。所以 Ron 在这个问题上很坚持。他相信 Alan 有着某些自己尚未意识到的能力，或者说，这些能力尚未被他充分地描述，以至于 Alan 自己还没发现自己有这样的能力。

R：好，这样的情况，对于你控制问题的能力透露了些什么？你知道，有些老师认为你脾气暴躁，而且做事冲动、不考虑后果。但昨天却很不一样，发生了什么事？你觉得自己是怎么做到的？

A：我不知道。

虽然 Alan 重复着之前的回答，但他很明显地多花了一些时间才说出答案。他开始认真思考而不是敷衍 Ron 的问题。他开始思考为什么有时候他能阻止情况恶化。

> 坚持的问话和仔细地倾听能使我们聚焦在原本被漠视或看来微不足道的能力或成就的细节上。咨询师必须坚信这样的能力能够被发掘——即使当时来访者无法看见自己的能力。

由于他们现在已经确认了这个事件是 Alan 决定不要依循"麻烦"的要求来反应的事件，Ron 将咨询焦点放在挖掘更多关于这个事件的细节上。他很想更细致地了解任何使 Alan 保持平静、不与老师对立的经验和想法。

R：你是跟自己说了什么，所以在 Davies 小姐发飙的时候你还能保持平静吗？

A：（深思地）可能吧！我想我就是堵住了自己的嘴巴。这就像是我几个月前，因为冲浪脚受伤去看医生的时候，护士在替我打针的时候我就是吸口气，来堵住腿上的疼痛。我想在当时，我对 Davies 小姐做了同样的事吧！

Ron 决定将此刻的讯息连结至其他的情境。这样的连结让 Alan 在此刻故事中所展现出的突破困境的能力不再是一次性的巧合。现在他至少展现了两次这样的能力了。Alan 的回答也透露了他关于通过屏气而将痛苦摒除在外的比喻。这是他可以采取的行动策略。Ron 注意到这个比喻并且想要探索 Alan 和其他老师发生冲突时，是否也曾用过这样的方式。

> 在发掘出近期不受困于问题的"特殊意义事件"后，咨询师就有机会邀请来访者共同讨论这些经验的意义了。如此一来，支线故事就得到了丰厚，并在不同事件之间找到共同主题。在咨询过程中，若能发掘两个以上的特殊意义事件时，效果最为显著。

Ron询问Alan关于堵住别人让他发飙的尝试和在被拒绝的时候堵住痛苦之间的关联。Alan认为两者是相关的。Ron猜想这样的能力是不是随着年岁渐长、愈来愈成熟之后发展出可以阻断愤怒反应、不受情绪掌控的能力？Alan认为愈来愈成熟当然与这项能力的发展有关。Ron接着抛出了一个挑战。

R：你想要站在打败"麻烦"的一方，或者你想要让麻烦接手你的生活？

A：我不知道。

Alan回到他惯常的回答方式。但Ron继续这个话题。他认为他们正在面对一个重要的转捩点。

R：我只是好奇愈来愈成熟、做自己的主人是不是意味着要开始和麻烦对抗？在自己的生命里，你是希望做一个有控制权的驾驶者，或者甘于成为一个被动的乘客？你是不是喜欢让麻烦决定你的方向，或者你已经决定好要掌握自己的生活？

> 在叙事治疗中的核心阶段是来访者有机会自己判断是否继续活在问题故事中，亦或是要迁移到支线故事里。

Alan很清楚他想要改变生活而不是让麻烦继续控制他。Ron邀请Alan勾勒出麻烦和成熟两者在他生命中不同的影响。他们讨论了成熟对Alan的影响力愈来愈强时，对麻烦所产生的变化。Alan现在对于问题使他付出的代价有着愈来愈清楚的了解。他也开始对不受问题控制的生活产生期盼。

Alan同意隔天再次前来咨询以进一步探索新故事可能的走向。此时Alan有些改变。他开始思考老师们的作为以及他自己反应的方式。他并不想被停学，但许多人已经对他产生刻板印象，并等着他再次犯错。

然而，他不确定如何扭转这样的情势。他的生活并不是他所想要的样子，这是Ron帮他看到的。当然，他热爱冲浪，并且幻想未来过着住在海边、整天冲浪的生活。他可能会成为一个专业的冲浪选手。如此一来，他就不需要工作，也不需要攻读学位。

然而，他并不能放弃完成学业，不是吗？他的妈妈十分努力地工作，他知道妈妈希望他做个有用的人。如果他中途辍学，这会使她非常难过。很长时间以来，他想要从事建筑业。他可以靠双手、靠劳力赚钱。他在去年夏天曾经有机会打工做建筑的工作，帮他的叔叔Geoff盖房子，而他很喜欢这个经验。他的叔叔说服他成为一个合格的建筑师。如果要成为一个建筑师，他就必须好好念完中学,并上大学进修。Alan 知道目前情势对他不利。只要他再失控一次,他就必须离开学校,这是副校长告诉他的。

Ron 是个很有经验的咨询师,他很了解 Alan 的处境。他继续问 Alan 他与麻烦打交道的经验和智慧。他们进行了更多的探索,并找到有三到四次,麻烦未能成功控制 Alan 的事件。

> 随着咨询的进行,叙事咨询师持续与来访者共同探索支线故事可能的入口。坚持不懈、带着尊重的好奇是叙事治疗十分重要的态度。

Alan 在家很能控制脾气。身为家里唯一的男生,他感受到责任的压力,以及必须为妹妹做出好的行为表率的压力。Ron 询问 Alan 他是怎么发展出承担责任、为他人着想(例如他的妈妈和妹妹)和照顾他人需要的能力的。他回应说,记得在 6 岁时,爸爸离家后,妈妈告诉他必须为家里做一个男人。这段经验他历历在目,还包括当时必须填补父亲位置的巨大压力。他回顾这段历程,并注意到自己曾经在妈妈生病的时候照顾她、在两个妹妹争吵时排解纷争,他知道自己在家中有特殊的地位。

Ron 发现了在生命的这个领域里,Alan 是非常负责又体贴的。他经历了其他同年龄的朋友所没有承担过的压力。Ron 进一步细问 Alan 更多关于负责和体贴的故事。虽然过程中偶而会卡住,但这样的故事让 Alan 看见了一个全然不同于学校形象的自己。Ron 和 Alan 两人都同意,这是一个逐渐成熟的故事。

> 就像是问题故事盘据了来访者长期以来的生活经验，支线故事也是一样。重要的是，咨询师仔细探索来访者生命历程中的能力和闪光点。隐而不显的能力并非凭空而生。咨询师小心访问来访者这些能力的早期经验，并以此强化不同故事走向的基础。

Ron 好奇 Alan 在这些年所发展出来的成熟能否在学校展现。他询问 Alan 他这几年是变得更坚强、更软弱或是其他。Alan 认为自己变得更坚强。当天早上在数学课时，他决定不要在老师批评他成绩落后时顶嘴。他很高兴自己并未如过去习惯的反应一样，而惹是生非。

Ron 询问 Alan，这个事件如何展现了他击败麻烦的能力。Alan 喜欢思考这样的问题。Ron 继续询问 Alan：如果情况照这样发展下去，你预测麻烦未来会是什么样子？Alan 很有信心"麻烦"将因此"失业"。显然他想要麻烦离开。但过程中的阻碍是他目前的恶劣的名声。如果要洗刷学校和老师眼中"麻烦制造者"的名声将会花上一段时间，因为他过去造成了老师们太多的问题和负担。有些老师长久以来带着这样的印象，而进步和正向的改变在忙碌的教学生活中容易受到忽略。此外，还有他在同学中的名声问题。有些"朋友"喜欢看 Alan 顶撞他们不喜欢的老师。

Ron 接着和 Alan 探索他的名声。

"这仍符合现状吗？或者你已经觉得应该有所改变了？"

Alan 认为自己已经准备好了建立一个新的形象。

"那你想要建立什么样新的形象呢？"

Alan 说他想要成为一个"做得到"的人。毕竟他在某些自己重视的领域已经有一定成就了。他是学校最好的冲浪选手之一。他在用功的时候甚至可以在英文课有不错的成绩。

Ron 问出了在叙事治疗里,他最喜欢的句子:"在所有你认识的人里,谁听到你计划扭转形象时,最不会感到惊讶?"Alan 很快回应他的妈妈对于他在学校已经做出的改变最不会感到惊讶。

"还有谁不会感到意外呢?"

Alan 想到他在冲浪队的朋友 Robert,Rober 很安静但十分照顾 Alan。Robert 认为 Alan 在到处鬼混,而且并不赞同 Alan 的某些不规矩的行为。他知道 Alan 在心里其实对生命严肃以待。Alan 认为他的妈妈和 Robert 在他决心改变时会在他身边支持他。

Ron 询问 Alan:"在你所有的老师里,谁会最先注意到你在生活里不惹麻烦的努力?"

Alan 认为 Davies 小姐会注意到。他认为 Davies 小姐还挺喜欢自己的。Ron 与 Alan 开始讨论这几个人在这段时间已经看到的改变会是什么。Ron 的问话是:"如果我请他们为你写推荐信,他们会写些什么?"

他们继续讨论 Alan 扭转形象的计划,他会同意这最好一点一点地进行,以免吓到他的老师或朋友。

---

咨询仍持续努力于建构来访者渴望的自我认同。从社会建构论者的观点来看,在咨询室里与来访者共同建构的故事必须在真实生活中得到共鸣。因此,咨询师的问话围绕在来访者扭转形象的计划上。新的计划需要

找到能够提供支持的观众见证。对绝大多数人而言，要在没有旁人支持、鼓励的情况下，做出大幅度的改变几乎是不可能的任务。

---

Ron 询问 Alan 这样的新形象会给他的生活带来什么样的改变。Alan 认为这是"流浪的冲浪者"和"成功的商人"之间的差别。所以，在扭转形象的同时，他在认真思考成为一个合格的建筑商。

Ron 期待在周末前再次见到 Alan，了解他的进展。Ron 提醒 Alan，麻烦可能会反击，他们讨论了如果麻烦卷土重来时，要如何应对。Alan 看起来对于处理那样的状况很有信心。

然而，Ron 从过去的经验中总结出，预期到"问题故事"会返回生活是很好的应对准备。他提供了更多的问话，帮助 Alan 思考：

- "麻烦最可能在什么样的状况下，会使 Alan 措手不及，而再次进入他的生活？"
- "麻烦最享受的事件组合会是什么？"
- "Alan 最脆弱的时刻会是什么？"

这样的问话带出了非常有意义的思考。Alan 在周四的数学课上再次陷入麻烦。他咒骂老师并且离开教室。他的数学老师 Clark 放弃了 Alan。Clark 老师认为如果一个人曾是麻烦精，他就永远会制造麻烦。在那周结束前，Alan 再次陷入沮丧，他无法进入数学课的课堂。

## 第一章 什么是叙事治疗

> 在学校要扭转名声是个大工程。我们必须实现较渴望的故事。在此之前，问题故事仍将持续上演，我们也需要观众见证过程中主角所做的努力。因此，使来访者有心理准备"问题"将尝试反击是相当重要的。

副校长知道 Ron 正在帮助 Alan。但时间紧迫。Alan 有两个礼拜的时间改变，否则就会面临退学。Alan 再次来见 Ron 进行咨询。

R：总结下来，你觉得这个礼拜是谁赢了？Alan 赢了几次？"麻烦"赢了几次？

A：（挫败地）嗯，我想"麻烦"赢了！

R：嗯，我们来仔细计算一下分数。我有四天没见到你，"麻烦"在这段期间有几次占了上风？

A：大概有两次吧！

R：有几次是你占上风？

A：我不知道。

R：我们来看看你上了几堂课，然后我们来看看在课堂上，有几次是你赢了"麻烦"，有几次是"麻烦"突袭成功。

他们开始回顾当周的经历，结果 Alan 大有展获。他在许多课堂上有极大的改变。他在体育课和英文课完全没有问题。在科学和历史课上老师也完全没有抱怨。除了和 Clark 老师的互动之外，"麻烦"完全无法掌控 Alan。但 Alan 的麻烦制造者的形象仍深植于副校长的心中。虽然 Alan 在面对"麻烦"上已经大有进展,但他仍然感到十分挫败。

Ron 并未陷入绝望。他安静地说:"所以你认为"麻烦"会获得最终的胜利?我好像看到你想要让"麻烦"成为赢家。在你赢了第一回合之后,这个结果却说服你放弃,接受失败?" Alan 并不想放弃。但他面前有重重关卡。他在家已能全然掌握自己的生活。有些治疗师可能将 Alan 的生活标签为"失功能"或认为他和妈妈之间是"共依存"的关系。然而,Ron 却更想要知道 Alan 过去的生活可以如何成为他的助力而非阻碍。

Ron 询问 Alan 成为"成就者"的计划。Alan 看来有些腼腆,但承认了他并未完成所有的家庭作业:"我的意思是,在我回家的时候,我就是没办法贯彻到底。"

Ron 更想要知道 Alan 在离开学校之后想要完成更多家庭作业的想法,而不是无法贯彻到底的行为。我们都有过满怀大志,但却未全然实行的经历。Ron 想要听听这个现象背后的渴望。如果给予更多的关注,这可能是一个新故事的入口。所以 Ron 提供了以下的问话:

- "这样的想法是怎么来的?"
- "这样的想法以前出现过吗?或者这是第一次?"
- "这样的想法在过去一个礼拜以来有任何的变化吗?"
- "你认为这是一个对自己有帮助的想法吗?为什么?"
- "你是否曾经有过带着一个想法,然后付诸实行的经验?那是什么样的经验?"
- "你认为自己是不是还会再有这样的想法?如果是的话,你下一次会怎么做?"

- "可不可以说，你是一个会将想法付诸实行的人？至少有时候会是如此。"

在 Alan 回应这些问题时，他开始注意到自己良善的出发点，而非无法付诸实行的失败。Ron 的问题使得 Alan 下次再有好的想法时，会有更多思考，并且更可能付诸实行。为了记得这次的咨询，他们一起想办法为"麻烦"的再次降临打了预防针。

在下一个周三，Alan 兴奋地来找 Ron，说他在 Clark 老师午餐时间大声斥责他时，都还能继续控制脾气。Ron 好奇 Alan 是否能让更多人参与他在学校扭转形象的计划。举例来说，他是否同意 Ron 写信给几个 Alan 的老师，让他们知道 Alan 为扭转形象所付出的努力？Alan 为此感到兴奋，但想先看看 Ron 写的信。在 Alan 的帮忙下，Ron 草拟了信件，信中清楚地描述了 Alan 所了解的自己。

Ron 把信件交给 Alan 并且建议他自己把信交给老师们，并且请他们反馈。Ron 和 Alan 约定在下周五一起看看老师们的回应。信件是这么写的：

> 敬启者：
> 
> 我想要让您了解 Alan Brown 近期在生活上的发展。如您所知，"麻烦"在过去长时间以来盘据了 Alan 的生活，并使他得到"麻烦制造者"的名号。这严重影响了 Alan 的生活。这使他：
> 
> - 咒骂师长
> - 在课堂上中途离席
> - 在旁人指正时顶嘴

> 我在此很荣幸能向您报告，Alan 在面对"麻烦"时已经大有进展（虽然开始时这样的进展是隐微的）。他开始尝试掌握自己在校园中的生活，而不让"麻烦"主宰。他想要坐上驾驶座掌握方向盘，让"麻烦"在后座系上安全带。
>
> Alan 允许我写这封信让您了解他的近况。我们希望能获得您的支持，让 Alan 可以在校园中过着与"麻烦"隔绝的生活。我们非常感谢您注意到 Alan 在面对"麻烦"时所得到的进展。
>
> 祝
> 教安
>
> Ron James 与 Alan Brown（驱赶麻烦的战士）
> 敬上

下一个周五，当两人再次见面时，Alan 表达了对于大部分的老师们给予正面反馈的惊讶。只有一位老师认为这封信正是 Alan 的挑衅，并且再次证明他是麻烦制造者。Ron 颁发了一张由金卡制成的证书给 Alan。Alan 的满足感溢于言表。

> 兹证明并庆祝 Alan Brown 成功地在生活中迈向成熟。
>
> 仅以此证宣告随着 Alan 的成熟，"麻烦"已难以掌控 Alan 的生活。
>
> 此证书预言：
> （除却旧日习惯偶尔返场之时）
> "麻烦"将逐渐消声匿迹
> 而成为明日黄花

第一章 什么是叙事治疗

> 仅以此宣誓：
> Alan Brown 已做出重大改变
> 诚挚的庆贺与祝福
>
> Ron James
> Hamilton 高级中学重大事件观察家

> 书写文字的力量是毋庸置疑的。叙事治疗透过信件让文字的力量得以发挥在正向的用途上。记录改变的信件能够强化来访者和他人眼中的重要改变。

最后关于 Alan 的讯息，是他成功地在同学、老师和副校长心中维持了"成熟的成就者"的名声。Alan 不仅得以留在校园，他的学业表现大有进步。至于"麻烦"，Alan 承认有时候仍会出现在生活中，但已经不至于将他送进副校长的办公室里了。他的英文成绩大幅进步。当他有机会时，总会有很精彩的冲浪经验可以分享。

我们在此呈现叙事治疗的故事让您了解它的力量。在这个章节里，我们尽量不多做解释，让故事可以为自己发声。在下一个章节，我们将以不同的方式呈现。我们的目标是以浅显易懂的方式，以简短的实例呈现叙事治疗的基本理念和技巧。

## 第二章
## 叙事治疗的实践
### 步骤指引

在第一章的案例中，您可能好奇（甚至困惑于）咨询师所运用的问话或回应。本章节主要协助读者进一步了解叙事治疗。如果您喜欢这样的问话和回应，您将本章学习怎样使用它们。我们期待通过清楚的步骤指引介绍叙事治疗。所有将复杂的过程拆解成为步骤时都可能存在过度简化或形成线性发展的错误印象的风险。然而，拆解步骤也可促进学习的过程。因此，我们必须了解咨询对话的复杂性，避免固定僵化于线性流程。

## 学习指南

本章旨在提供给您学习的指引而非必须遵循的处方。我们希望您在阅读的过程中，能带着开放的态度领略叙事治疗的精神，而不是寻求可复制的技术。叙事治疗是基于后现代学派的思想，而非自由学派的社会分析或人本心理学。它随着时代脉络发展，而非独立创造而来。在社会科学中，后现代思想受到许多近代作家的影响，这股风潮进而吹进心理治疗学界。为了对叙事治疗有更深度的了解，您必须对于这股思潮有初步的了解而不单只是学习问话技术。因此，我们在这个章节接下来将讨论：

- 叙事治疗常见的阻碍
- 叙事治疗的基本假设
- 叙事治疗的精神
- 叙事治疗的对话方式

然而，我们并不认为理论、精神和技巧可以截然划分，因为我们相信三者彼此之间有着密切关联。叙事治疗不只是一种新的心理治疗技术。如果我们将之看成技巧或治疗招数是十分危险的。叙事治疗其中一个重要的精神是伦理立场的一致性，并形成独特的哲学思考架构。因此，学习叙事治疗的咨询师在理论与实务上的钻研都相当重要。为此，您必须形成叙事治疗独特的思考方式，而技术是随着思考方式的实践而来的。

## 叙事治疗的阻碍

了解咨询师们在协助学生改变生活的过程中常常遭遇的阻碍，将对本书所描述的叙事治疗的成功应用有所帮助。

### 咨询师的专家定位

校园内的专业人员通过培训、指导和充实自我，成为拥有知识的专家。旁人期待咨询师必须学习过各种技能以对学生的行为及学业发展做出专业判断。在这种思考架构下，学生必须被动接受知识和专家评估。Paolo Freire 在2000年时曾提出在教育上进行智慧储蓄的概念，认为教育专家必须将智慧储存在儿童的身上。

近年来智慧储蓄的概念在美国校园有卷土重来的趋势，并且兴起大量关注结果评估的努力。结果评估导向的教育方式改写了教育的定义，使得焦点相对于过去更缩限在了学业成就上。因此，人本主义的全人教育理念渐受冷落，成就取向代之兴起。我们并非主张要重返人本主义的教育理念，我们更关注的是高度重视结果评估的教育理念下，对于校园所带来的影响。

在此趋势下，教师必须将特定知识直接灌输给学生。当学生无法接受时，他们必须延长在校时间或留级重读以达到适当的灌输效果。这样的补救教学也许能使部分学生从中受益，但许多学生常常没有机会反思这些知识为什么对于他们的生活是重要的、有意义的和有帮助的。所有的补救教学都将使他们因为课业表现而与同学疏离。

相较过去，咨询师必须更多地协助这样的孩子。于此同时，他们与学生的接触时间也必须更压缩。他们被期待成为学生发展专家，并教导学生依循常规发展。咨询师必须成为所有议题辅导和评估的专家，并告诫学生们什么是好的。所有咨询师们在校园内所面对的情境条件，都要求他们提供愈来愈多的专家意见。许多校园对于咨询关系的期待其实违反了咨询的精神，而这使得许多咨询师身陷困境。

> 许多校园对于咨询关系的期待违反了咨询的精神。

如果学生无法遵循老师或咨询师的要求，或正向回应老师和咨询师所提出的建议时，他们常被贴上"顽劣"的标签。当学生被视为需要辅导时，所有的责任都将落在咨询师身上，学生将无可避免地以被动、疏离的模式面对咨询。此种模式的形成，同时

> 当学生被视为需要辅导时，所有的责任都将落在咨询师身上，学生将不可避免地以被动、疏离的模式面对咨询。

受到"儿童天生被动"的信念所影响。于此同时，成人会更加相信他们应该将关注放在向儿童灌输专家知识上。学生们（特别是那些极少被询问到目标、想法、渴望和梦想的学生们）也将同时表现出符合大人期待的被动和顺从。

当不符合期待时，周遭环境往往施加压力去迫使学生改变行为。然而，事实已然一再证明此种策略全然无效。咨询师一再运用他们的威权地位去说教，并且要求学生改变他们的行为。所谓"上有政策、下有对策"，青少年开始将大量精力用于自我保护。在咨询师与学生之间一触即发的战争中，青少年将他们宝贵的精力用于对抗而非检视自己的行为和决定。在"七种最让学生反感的行为"（表列如左）中，列出最令学生反感的行为。在这样的情况下，咨询师无法引起学生兴趣并激起学生反感，这无法引发行为改变。

学生对于大人们这样的策略已经非常熟悉。他们对于父母、老师或咨询师尝试以专家之姿，强迫他们改变行为的挫败感正节节上升。叙事治疗，就像其他疗法，例如焦点解决短期治疗，鼓励人们不再将焦点放在问题本身，而且不再持续为改善问题而努力。John J. Murphy 在 2006 年曾引述 W.C. Fields 的话："如果第一次没

### 七种让学生拒绝谈话的方法

1. 说教，谈论关于教育价值的大道理，并论断学生学习不好是一种对自己的伤害。
2. 以"统计"或"研究"结果告诉学生在他们身上的某些"不良"行为是危险的。
3. 指出他们的问题行为会伤害别人，藉此加深他们的罪恶感。
4. 在他们依个人意志采取行动时，强迫他们负责或道歉。
5. 告诉学生他们的目标该是什么。
6. 在学生无法达成预期目标时，加重惩罚。
7. 未经允许刺探学生犯错背后的原因。

有成功,就再试一次。如果仍然未能成功,就放弃吧。做个徒劳无功的傻瓜是于事无补的"。

叙事治疗的隐喻邀请咨询师和学生并肩作战,就像咨询师进入他们对主流的反抗,而非保护他们不受伤害或是去制造另一场咨询师与学生之间的战争。

> 叙事治疗,就像其他疗法,例如焦点解决短期治疗,鼓励人们不再将焦点放在问题本身,而且不再持续为改善问题而努力。

## 做为合作伙伴的咨询师

许多研究证实,如果咨询师或其他助人专业工作者能带着合作的精神,而非权威的角色,改变将因为合作的过程而发生。青少年不再需要将精力投注在与成人的对抗当中,他们将得以思考自己的生活并透过自己的评估产生新能量、新的动力兴趣。

咨询的失败来自于咨询理论或咨询师尝试抹煞学生的需要、想法与渴望。但情势的发展并非只能如此。我们不再以"听着,这是我对你问题的想法"、"这是我认为你该做的"开始咨询,咨询师可以邀请学生对于自己的生命采取积极主动的态度,而不是一个由咨询师主导全局的被动参与者。在叙事治疗中,学生的评估与想法是十分重要的。如果想要激发学生的动力、对自己的生命采取主动投入的态度,以下的问话是十分有助益的:

- 你对于目前困境的想法是什么?
- 在你的想法里,什么会使问题恶化?
- 在你的想法里,什么会有效?

叙事治疗的核心信念是:前来进行咨询的学生,无论经历多少困难或沮丧，都具备创造行动和改变的能力、天赋、正向意图和生命经验。有时大人执着于改变学生的想法和观点，因为从成人的观点来看，那是错误或非理性的。然而，与来访者陷入争辩无法带来咨询效果。相反地，运用叙事的观点，咨询师不会直接挑战学生们的理解，而是对于他们所拥有的知识感到好奇。此时可以运用的问话包括：

- 对你最有用的是什么？
- 帮助你度过这些困难，属于你个人独特的力量、信念、价值是什么？
- 在你的想法里，期待别人帮忙或支持的方式是什么？
- 你对于改变的计划是什么？

## 基本假设

叙事治疗在进入咨询情境之前，有着许多理念与想法。让我们了解这些理念的起源。叙事治疗的理念体系是由 Michael White 和 David Epston 根据不同领域学者的理论整理、建构而成，包括：民族志学者 Edward Bruner 与 Barbara Myerhoff、心理学家 Jerome Bruner，法国的历史、社会学家 Michel Foucault 以及生物及系统学家 Gregory Bateson 等。从以上及其他学者的理论思想中，Michael White 和 David Epston 整理出连贯的理念思想，并以此建构出了一套实务工作的方式。

### 1. 人类根据故事而生活

这个说法乍听之下似乎毫不起眼。我们知道所有来自不同文化的人们都对故事有所回应。许多咨询学派也都鼓励来访者诉说故事。研究过许多原住民及西方文化的民族志学者 Edward Burner 在1986年提到，人们不只在诉说其真实经验的故事。他以不同的方式阐述：我们在诉说自己的生命故事、或转述他人故事的同时，都会形塑我们对世界、对现实的认识。这是相当重要的：故事开始成为生活的重要参照架构。另一种说法是，故事不单只描述我们所看见的，同时也建构着我们所看见的。因此，校园里对于"模范生"的故事描述（对坏学生的故事亦同），并非单只描述着一个人的故事或经验。这些故事同时积极地形塑着学生自己在学校做为模范生或教育失败产物的经验。

> 故事不单只描述我们所看见的，同时也建构着我们所看见的。

### 2. 做为生活依循的故事并非凭空而来

这样的观点不同于个人心理学的观点，它认为建构或塑造着主观经验的故事，都不是由单一个人产出的。这样的故事是对话下的产物，而且对话是在社会脉络下，经由许多人参与、经过多次进行之后的结果。我们的主观经验通常看来像是个人的经验。然而这却大半受到文化洪流的影响。因此，为了了解来访者，倾听故事中影响自我认同的文化、环境因素与他们在故事中的个人经验是同等重要的。不再认为问题根源于一个人的本性，甚或是一群人的天性，叙事的观点寻求的是维系人们生活的故事中被视为理所当然的部分。

### 3. 故事中蕴含的论述

论述是对话所交流的内容。然而，近年来，论述发展出特殊含义。关于论述,我们不再着墨于一般性的内容,而是有着特殊含义的单一或一组论述(例如女性论述,或是校园纪律的论述)(Foucault,1979)。此种将论述视为一组理所当然的假设,且隐身在特定社会脉络下不同的对话当中。这些假设可能运用于许多关于"正常"、或"传统"的陈述中。在社会科学的知识领域,这种由社会建构而成的规范有时可能被误认为是世界运行的自然法则。

举例而言,对于有青少年的家庭来说,"青少年处于叛逆期,发展任务是寻求自我、与父母亲分化。"这样的假设是普遍存在的。此种假设的影响透过许多专业的家庭治疗文献产生,并在许多政治上的青少年服务宣言、校园里的家长会和青少年同辈谈话中随处可见。

这样的论述对人们的影响深远,它影响着我们的选择、价值、感受和行动。这不是一个错误的假设,因为许多日常生活中家庭互动的片段证实了这样的假设。正因如此,有时很难将之视为一种文化假设,而非一种真实存在的青少年的心理状态。若要将之视为文化假设,就必须从不同文化的角度去检视。一种方法是回头了解人类发展历史中,"青少年"的概念根本不存在的时代。人们直接从儿童期进入成人期,而且不需要搬离父母亲的居所。

就如想要了解Pakeha(新西兰白人)的处境,我们就必须要透过毛利人的文化去了解这种文化假设的起源。毛利文化有着全然不同的家庭关系和型态,因此,青少年不是必须经历叛逆期。与whanau(大家庭)的分离也不被视为正常成年期的必经历程。此种来自于主流心理学的知识通常未能识别文化影响,而使得现代毛利家庭的处境变得复杂。此种主流论述使得位于现代都市区的毛利家庭必须面对原住民传统文化，以及主流心理学里所谓的"正常"的两难之境。

学校咨询师会跟学生谈生涯发展，过程中通常增强了主流论述对于青少年的影响。因此，我们可以说，教师、咨询师和儿童的校园生活是由流传于校园社群的论述所形塑的。这些论述形塑着我们对于自己和对周遭人的期待。这些论述同时形塑着我们对于生活事件的行动和反应。论述不等于"信念系统"，后者是个人的信念，而论述则是存在于我们所见所闻中的社会现象。

> 教师、咨询师和儿童的校园生活是由流传于校园社群的论述所形塑的。

### 4. 现代社会的特征是：透过监控和细察的过程维持规范

Michael Foucault 于1973年称之为凝视（gaze）效应。这要求我们将自己变成比较的主体，并且时时细察、评价、学习如何看待自我。这样的过程不是透过我们自身的经验，而是透过这个监控的眼光。举例而言，在担心他人如何看待我们时，凝视效应就开始运作。就像小孩上学之后，就开始强烈发展别人如何看待自己的意识。这样的意识是细察效应下的产物。事实上，学校充满着高度复杂的评估系统，用以衡量人的价值，并且让人"自我认识"。这样的评估系统包含了测验、考试、评估、职业性向测验、成绩单、学习档案和电脑的记录系统。对这种系统所造成的影响的担忧，不能单只视为个人内在的弱点，或是只透过"做你自己"、"保持理性"等鼓励的话语就可以化解。凝视效应包含着评价的量尺，让我们心存担忧，无法好好看待自我。一旦在学校产生了成败的评价，权威透过教育凝视的眼光，覆盖许多个人的故事，并制造出个体的形象，使得年纪尚轻的学生或青少年很难不将之内化成为对自己的看法。这样的凝视以及我们的回应开始影响许多我们在生活上所面对的问题。

举例而言，如若身体形象不符合主流文化中的"美体"标准，我们就会认为自己不具有吸引力。在西方社会中，男人希望自己拥有如奥运游泳选手的倒三角的体形，女人则是渴望意大利模特儿高瘦的身材，这是人们在日常生活中用以衡量自己的标准。透过此种凝视的眼光，我们认为自己丑陋、懒惰、缺乏自我控制或不值得被爱，这些都是受到这类标准残害的结果。许多年轻女性因此饱受饮食问题例如厌食症或是暴食症折磨。一些年轻人也因为想要将身材锻炼成符合主流文化标准，而滥用类固醇。只要开始学到透过他人眼光来看待自己的身体，即使年幼的孩子也将出现饮食问题。在这样的情况下，即使没有发展出明显的饮食问题，许多学生，特别是高中生会因为凝视效应的影响，开始认为自己的身体"怪怪的"，并且开始影响他们对于体育活动的参与和在学校的人际关系。有些则因过度节食而影响到学习及专注力。

> 仔细检视生命经验的每个方面是叙事治疗的核心，叙事治疗师对于形成自我认同的权力论述保持高度觉察。

当然，凝视效应或文化评价的影响都不只在身体意象。自我检视发生在我们生活的每一个面向，这是叙事治疗师所关注的焦点。凝视效应也在学校透过评估和考试体系发生，这个体系根据学生的学业表现和社交能力将他们划分和归类。由于这些评价，学生们建构出关于"我是谁"的自我概念，以及对于自己能力的信念。在某些咨询理论中，自我了解就发生在这样的过程中。从叙事的观点来看，这些内在世界是由外在建构而来。

### 5. 反面或另类的论述总是存在

虽然主流论述对自我价值有着极大的影响，但我们总是可以发现反面或替代性的论述。许多人并非依循主流文化而活。相反地，他们依循另类文化模式生活并引以为傲。比方说，公开承认自己是同性恋者，他们公开自己的性取向，并勇于面对社会上强烈主张异性恋的人士。然而，这样的另类立场往往需要付出巨大的代价。通常挑战主流文化权威都将承受痛苦的后果。父母亲是同性恋的孩子常常为此尝到苦果。在校园内，常常在设定写给"正常"异性恋父母的亲师交流的文件中，同性恋家庭的孩子会感受到他们与旁人的不同。

### 6. 主流文化故事常严格设限，使得人们无法在生活中创造改变

人们常常意识不到论述对于思想、行为所带来的限制。因此，另类或较渴望的生活方式常是隐而未显的。举例而言，一个男孩可能强烈地受到传统文化关于"男子气概"的论述的影响，而认为自己必须不惜代价表现出坚强、不受情绪影响、具有竞争力和果决。即使这样的论述使他开始与老师、与同学发生冲突，他也从未想过，自己可以有不同的表现。

### 7. 解构主流论述可以为生活带来新的可能性

咨询可以提供人们拉开距离去检视论述对于生活的影响。在叙事治疗中，这是"解构"的历程（White 1992）。解构的概念源自法国哲学家 Jacque Derrida（1976）。Derrida 认为应开启受

到压迫的叙事空间,让人们了解理念远比他们原初的假设要更加复杂和多元。如此一来,就可以有更多不同的可能存在。在咨询过程中运用Derrida的理念,意味着开启支持问题存在的对话空间,并且探索被视为理所当然的主流论述。要达到这样的结果,好奇的探索远胜于对立的面质。咨询师可能会询问:

- 这种情况是否要你以特定的方式回应?
- 你对可以解释你行为的_____有何看法?
- 你怎么学到这些想法的?
- 让你这样行为的想法是怎么来的?
- 这样的方式对你而言总是带来最好的结果吗?它是否符合你对生命的期待与梦想?

这些问话邀请来访者检视他们信以为真的故事文化脉络,并且评估影响结果。于是人们将了解生活并不只有一种方式。这样的了解将为生活带来新的可能性。来访者在思考这些可能性时,咨询师可以与之共同探索他们较愿意维持现状,亦或进行改变。

### 8. 总有生活经验被遗漏在故事之外

许多问题导向的故事里总包含生活中的素材,因为人们会随着问题的逐渐恶化而调整自己。由于人与问题间没有足够的距离,因此,他们常无法了解生活脉络是如何成为滋生问题的温床的。当问题的发展被仔细描述后,多数人就会对生活脉络有更充分的认识。他们将处于更有利的位置去了解问题故事的变化以及所带来的影响。再者,了解这样的变化,即使是细微的变化都将鼓舞人们以过去做不到的方式来处理目前的状况。因此，叙事治疗师与来访者共同努力将问题置于历史脉络中。治疗师会询问"问题出现了多久"、以及"问题如何随着时间发展"等。这样的历史脉络观点将问题发展分成不同的阶段，从而使来访者能够了解新的发展方向。

> 叙事治疗师与来访者共同努力将问题置于历史脉络中。……这样的历史脉络观点将问题发展分成不同的阶段，从而使来访者能够了解新的发展方向。

Edward Bruner 在1986年告诉我们总是有生活经验被遗漏在我们藉以生活的故事之外。在问题故事之外，总是存在着被排除的经验片段。这些经验将是发展支线或较渴望故事的基础。举例而言，年轻的男性总是有某个层面是男性论述无法满足的。他们也有情感丰富、温情和非竞争的一面。一开始可能不容易发掘，并且咨询师和来访者可能都需要投入到探索的过程中。一旦发掘支线故事入口，咨询师就能发展出与问题故事截然不同的故事线。

## 9. 咨询师的任务是协助来访者建构较渴望、较吸引人的故事线

Gregory Bateson 在1972年及1980年分别提出：我们透过不同现象的比较而学习。我们认识"黑"，是因为我们将之与"白"对照；我们知道"热"是因为过去有"冷"的经验。他认为，我们是透过"对差异的认识"而学习。叙事治疗协助来访者区分问题故事与支线故事之间的差异。这样的比较协助来访者得以评估自己所想要身处的位置。差异的清晰化将可以协助来访者进行清楚的选择，并让他们有机会经验到自己采取不同行动的能力。

> 叙事治疗协助来访者区分问题故事与支线故事之间的差异。

# 在咨询室中应有的态度

## 信任

咨询师最大的挑战之一是与来访者建立信任关系。许多进入咨询过程的儿童或青少年过去都经历了成人、兄姐、或其他滥用权力的人,对他们的情绪、身体、心理等不同层面的侵害。毫无疑问,这些儿童或青少年对于信任或是开放他们的生命历程是有困难的。不幸的是,在校园里,信任的建立必须通过时间打造环境,而时间在校园生活里是如此稀少。然而,学校咨询师仍然可以做一些事情以促进与学生之间信任关系的建立。

### 认同

咨询师认同并珍惜学生的能力、想法和经验是相当重要的。学生喜欢别人在问话之前先征得他们的同意。当他们回应问话时,他们也喜欢别人认同他们所说的。当有人征询他们的想法时,他们通常都将有所回应。

### 真诚

学生们几乎立刻能够分辨咨询师是否真诚地想与他们连结、能否与之建立信任关系。有时在开始进入重要的议题之前,他们都会测试咨询师是否真诚。咨询师若能在询问重要议题或个人隐私时,明确自己的意图,将有所帮助。当学生回应"我不知道"时,可能意味着"我现在对你没有足够的信任,我无法分享真实的状况。"

## 乐观与尊重

叙事治疗是一种对来访者绝对尊重,并带来希望的咨询方式。叙事咨询师对于问题的改善、解决抱持乐观态度,相信解决的方法已然隐藏在来访者身上。当学生前来求助时,咨询师可能会忽略他们也带着自己的智慧进入咨询室。基本的法则是:发掘个人的"已知",并顺此已知架构去扩展(Vygotsky, 1986),让新的学习发生,是催化学习的最佳方式。

我们很容易假设,学生前来求助是因为他们缺乏解决问题的必要知识或能力。然而,另一个可能假设是学生不习惯把自己看成是面对自己问题的"专家"这样的态度。在学校他们通常是焦点,特别是在陷入麻烦时。学生很少有机会去回顾、诠释、评估在生活中的经历。他们很少被要求去检视自己的行为的动机或后果。通常由大人去定义生活中的事件对于他们的意义。

老师在询问学生对于生活的观点时,常听到学生回答"我不知道"。学生常觉得自己要说出能够取悦大人的答案。"我不知道"可能是学生在面对可能的羞辱或奚落时的自我保护。有时,"我不知道"也在表达:"我不在乎"或"你没有权力要求我告诉你我所知道的"。

为了增进叙事治疗的效能,咨询师应将学生视为拥有丰富知识,却从未受到外界鼓励去发掘自己了解问题的能力的个体。如果我们能带着这样的视角,就能够召唤出人们丰富的生命资源,并透过关系去传达对他的尊重。

> 为了增进叙事治疗的效能,咨询师应将学生视为拥有丰富知识,却从未受到外界鼓励去发掘自己了解问题的能力的个体。如果我们能带着这样的视角,就能够召唤出人们丰富的生命资源,并透过关系去传达对他的尊重。

## 好奇与坚持

要开始进入学生的世界，咨询师的好奇与热情是不可缺少的。如果能够带着一种天真的热情，或"谨慎的无知"（Hoffman, 1992），咨询师将能够从来访者身上了解最多的讯息。这样的态度传达着"我不了解学生的世界，但我带着热切的好奇，想要去探索"的讯息。即使学生回应"我不知道"，咨询师还是带着尊重坚持着，并且继续通过创意的问话，最后终将能发掘隐藏于学生身上的智慧。

问话是叙事咨询师的重要风格，但必须注意不要流于"审讯"。叙事的问话不是为了证明咨询师的"已知"或强化咨询师的专家位置。问话是从想要了解学生内在世界的真诚愿望出发。咨询师尽力透过问话让来访者发光发亮，让他们经验新的自己。这样的立场避免问话过程流于"审讯"。

保持好奇使我们能在咨询过程的互动中创造更多可能性。我们可以透过疑惑的表情、举止以及反差法表达我们的好奇，并借此了解学生们如何看待周遭世界、以及有利于他们改变的资源及潜能。Murphy（2006）描写了Columbo，这个从60年代到70年代的电视剧中的侦探角色，如何运用好奇及反差拼凑出对于犯罪行为的了解及破解之道。在校园中运用Columbo方法，可能会在与学生的互动中，产生以下问话：

我现在真的很困惑。你说你真是个不定时炸弹，而且不知道该拿学校功课怎么办，但据我的了解，你上学期有三科及格。你觉得你是怎么办到的？

## 第二章 叙事治疗的实践

或者

我知道我反应有点慢,所以帮我一下。你说你妈妈和爸爸不关心你,可是他们要你做功课。我知道很多父母甚至不知道他们的小孩有没有上学,更别提小孩有没有家庭作业了。请帮我更多地了解你的情况。

### 尊重来访者的在地性*知识

叙事治疗学派的咨询师不相信只有一种最好的生活方式存在。因此,我们无法确定什么对来访者是最好的。当然,我们对于如何帮助来访者是有概念的。但我们并不认为自己可以以权威的姿态给予人们行动或生活方针。治疗是透过两个有着独特文化的个体在互动中生产意义的行动。不同的文化没有优劣,可能甚至没有交集。我们不能事先预测可能的发生。

这样的态度意味着治疗师时时警觉自己是否将自己的价值观强加于来访者身上。就伦理而言,叙事治疗师不能将自己置身于一套世界应如何运行、人们应如何生活的"真理"当中。

可能叙事治疗与其他咨询学派最不同的在于,叙事治疗重视治疗师的"意图",而非"确知"。这样的立场避免治疗师独断地将自己的判

> 可能叙事治疗与其他咨询学派最不同的在于,叙事治疗重视治疗师的"意图",而非"确知"。这样的立场避免治疗师独断地将自己的判断强加于来访者。

---

\* local knowledge:在本书中以"在地性知识"或"常民智慧"两词交替使用。叙事治疗中的local knowledge引自美国人类学家C. Geertz(1983)。有别于专家知识(expert knowledge),在地性知识或常民智慧意指由个人或社群透过生活经验及实践过程,所产生的具有属于当地或个人独特意涵的智慧。
——译者注

断强加于来访者。它反对西方传统心理治疗理论将专家诠释，"殖民"于来访者的生命中，造成某种固着。叙事治疗师追求的是让来访者尊重自己所拥有的、却因屈从于外界而不受重视的自己的智慧。这样的尊重追求的是重视特殊的、常民的或在地性的知识而不是一般性的专业知识。

## "共同创作"的协商过程

在叙事治疗中，咨询师与来访者之间的关系是一种特殊的伙伴关系。这样的伙伴关系中，某些部分并非叙事治疗所特有的，但有些部分则是叙事治疗师有别于其他治疗师之处。一如先前所说，叙事治疗中，关系并非咨询师表现专家知识的舞台。治疗关系也不单只是聚焦于发掘已然存在或隐藏在来访者身上的智慧。叙事的对话是基于咨询师与来访者双方共同合作的创造过程。咨询师或来访者都无法独立完成。两人之间的对话是咨询能够有效的关键。咨询师在对话过程中必须发挥特定功能，包括协商出来访者能深入其中的咨询关系，并使来访者在其中占有重要地位。叙事治疗的对话必须是真正权力共享的过程。表2.1列出咨询师在治疗关系中进行协商的部分方式。

### 表 2.1  关系中权力共享的协商方式

1. 在问话之前,先征询来访者同意,而非假设因为自己是咨询师就自然拥有问话的权力。

2. 咨询师在过程中记笔记需要征得来访者同意。

3. 提供来访者阅读咨询笔记或治疗记录的机会。

4. 除非得到来访者的同意,咨询师的记录或与其他人的讨论,应避免你不愿来访者知晓的内容。电脑资料也应以此标准小心保存。

5. 咨询过程中应常与来访者讨论,咨询的发展方向是否与其期望相符。

6. 请教来访者,咨询是否带来助益。答案若是肯定的,透过询问来访者咨询过程中什么是有帮助的,咨询师可向来访者学习如何进行咨询工作。

7. 视来访者为拥有知识和智慧、并值得专业人员尊敬的个体,也是咨询师不断学习的对象。

8. 在与亲子共同会谈时,视每个成员都是拥有发声权的个体,而不是忽略孩子只与父母谈话。

9. 面对问题时,请教来访者什么可能是有助益的,而非以专业知识进行指导。

10. 请教来访者咨询过程中已经有所成就的,并征得来访者同意记录这样的知识,以便未来与其他人分享(详见第五章。)

## 叙事治疗的进行方式

### 倾听问题故事而不陷入其中

许多校园咨询师都有这样的经验:

学生走进咨询室。他常常惹上麻烦,并被告知要去见咨询师,但他并不愿意。你尝试对他的感受表达尊重,并且邀请他开始对话。他很不合作,并且明显地不想与你分享他的生活。我们似乎难以运用来访者为中心的治疗学派与这样的来访者进行咨询。对话进行得相当勉强。违背着你的职业本能,你开始认为这个学生很难搞。你开始同情那些因为这个学生而感到挫折的老师们。在能够意识到之前,你开始对这个学生说教,教他应该要有责任感,也应该去思考他的未来。他翻了白眼,你知道自己是白费力气。这是很容易指责他的时刻,但事实是,身为咨询师,你卡住了。

透过这样的经验,有些咨询师开始运用不同的倾听方式,让咨询师和来访者都能够有机会进行更多交流。叙事治疗的咨询风格提供了学生可以被倾听的空间,而不是像其他咨询方式那样要求人们对发生的问题负起自己的责任。这是透过特别的语言使用方式达成的(在本章稍后讨论),但必须先从特别的倾听方式开始。

就像其他学派的咨询师一样,叙事治疗师从倾听来访者的问题故事开始咨询。这样的过程涉及基本的建立关系技巧,包含专注、语意重述、澄清、摘要与检核。但对于选取来访者叙说的片段总是与如何选择重点有关，这影响到什么会被听见，以及被听见的方式。举例而言，如果女孩因为受虐经验的伤痛而哭泣，咨询师可以使用许多不同的方式倾听，每一个方式可能都会运用专注、重述语意和摘要的技术。一位咨询师可能将眼泪视为过去受压抑情绪的宣泄，并且鼓励女孩停留在情绪的表达上。另一位咨询师可能将眼泪视为错误信念的结果，并且鼓励来访者探索隐藏在眼泪背后的信念。在这样的状况下，叙事治疗师在聆听问题故事时，会带着哪些假设呢？在表2.2中，是叙事治疗师在聆听时可能的基本假设。

### 表2.2 如何聆听来访者的故事

1. 在聆听故事时，除了倾听受压抑的问题之外，同时注意与来访者能力相关的细节。

2. 避免运用概括性的语言描述人。

3. 将情绪的痛苦视为影响人们生活的问题。充分探索问题的影响层面。邀请来访者为带来影响的原因命名。

4. 不依赖情绪宣泄带来改变。

5. 清楚列出影响问题故事的文化论述。

6. 觉察文化论述如何影响你聆听人们的故事。

7. 在回应时，将人与问题分开。

8. 清楚列出建构问题的权力关系。

9. 避免运用内化语言，不认为问题出自于一个人的心灵结构或是个人缺陷。

10. 除了听见问题故事所带来的愤怒、悲伤或绝望，也同样重视故事中所透露的，在因应问题过程中取得的小成就而产生出来的喜悦或骄傲。

11. 留意问题故事如何让老师、父母与咨询师陷入它的剧本。回应问题时，扩大焦点，避免聚焦于个人。

12. 咨询师应保持觉察，不被问题故事淹没。持续对问题故事保持好奇。不假设自己已然全盘了解，也不假设自己了解了某种特定表达的意义。

---

### Elaine

13岁的Elaine被诊断出抑郁症，并且已服药数周。她的咨询师Mary-Anne很难让Elaine开口。咨询室里的对话是费力、不自然的。Elaine很难专注，有时她显得心不在焉、漠不关心。回应时的声音相当呆板。

Elaine原本成绩名列前茅，但过去两个月因缺课太多，成绩大幅滑落。她的父母最近分居。过去Elaine从未见过她的父母争吵或不快乐，因此父母宣布分居使她相当震惊。她过去相信自己生长在"正常"、"快乐"的家庭。曾经这是人人称羡的模范家庭。现在，她说自己因为家庭的状况感到"羞耻"。她的妈妈Deborah每天都得要很用力才能让Elaine起床上学。Elaine常常感到疲惫、想掉泪、并且变得嗜睡。Deborah担心Elaine这种大幅的情绪变化，因此求助于学校心理咨询师。

Elaine 觉得所有事物都笼罩在黑色的乌云里，并且感觉到生活是空洞没有意义的。她想放弃生命，不再活下去了。Mary-Anne 很小心地评估自杀风险，但好像 Elaine 并没有任何自杀的行动计划。她接受安全约定，保护自己，同意如果有任何变化要让 Mary-Anne 立即了解。

Mary-Anne 未曾和如此绝望的学生工作过。虽然现在抑郁症笼罩着 Elaine 的生活，但她决心不受抑郁症限制。这需要 Mary-Anne 随时注意自己的声调、能量，保持真诚，但不强迫 Elaine 振作。事后证明，对 Elaine 来说，看到 Mary-Anne 不受抑郁症淹没是相当重要的。这使得 Elaine 开始相信能与 Mary-Anne 共同创造的咨询过程。

以下几个例子可以帮我们了解 Mary-Anne 在咨询过程中是如何聆听 Elaine 的。她相信人不等于抑郁症。换句话说，她时时聆听 Elaine 的声音并认真看待 Elaine 对于问题的想法而不将之归因于抑郁症。她坚持尝试了解 Elaine 对于家里状况的想法，而不将之视为青少年面对父母分居的典型反应。她假设 Elaine 是面对抑郁症的主人和专家，并透过自己的回应将之传达给 Elaine。她避免抑郁症影响她对 Elaine 的认识。她尊重问题对于 Elaine 生活的影响，同时也聆听 Elaine 在挣脱抑郁症的努力过程中，所展现的力量。

## 命名与外化问题

叙事治疗对于问题的外化为人熟知。这是 Michael White 和 David Epston（1990）在与家庭工作的过程中所发展出来的语言

> 叙事治疗相信问题的起源是环绕在我们四周的论述，并且这些论述形塑着我们的想法和生活。因此，问题的外化使我们有机会将之还原。

使用方式。外化协助人们将问题与自我认同分开。第一章与 Alan 的咨询过程清楚描述了这一咨询方法的运用。外化不只是一种技巧。叙事治疗相信问题的的起源是环绕在我们四周的论述，并且这些论述形塑着我们的想法与生活。因此，问题的外化使我们有机会将之还原（表2.3）。

### 表2.3 以"外化"方式面对校园中常见问题

- 不问"老师对你咆哮，你的感觉是什么？"你可以说："所以愤怒让老师对你咆哮。愤怒让你陷入什么样的情况？"

- 不说"考试不及格，你的感觉如何？"你可以说："不及格给你带来的影响是什么？它是不是打击了你的信心？它要你放弃吗？"

- 不带责怪地询问重要的社会文化论述，例如"在你的经验里，种族主义对班级互动的影响是什么？"

- 在性侵害的论述中，"秘密"可以被外化，并且探讨它的影响。举例而言，你可以询问："秘密是怎么影响你，让你没有办法得到需要的帮助？"这是避免指责的问话方式，而不是去问"你是不是太羞愧以至于没法跟任何人说？"

- 在调解学生之间或师生之间的冲突时，咨询师可能听到事件的影响，并且将之外化。"所以你们之间的互动是如何影响你们对彼此的感觉？"

在对话中运用外化开启了以轻松、好玩，而非严肃、痛苦的态度去靠近问题的方式（Freeman, Epston, & Lobovits, 1997）。先将人与问题分开，然后再为问题负起责任，并以此方式去解决。这并不代表我们不重视面对问题的责任感。只强调为问题负起责任通常没有太多帮助，拥有解决问题的自主权能够带来更多助益。

外化的对话同样可以用在反讽主流的文化氛围，并借此刺激新论述的产生。他们特别着墨在使人绝望、羞愧或自责的病理化迷思。

近年来愈来愈多人着重在"发展外化的对话"，而非"外化问题"上。外化的对话包含随时间演化的向度。它解除了咨询师必须在一次咨询中创造纯粹、清楚的外化对话的压力，外化可以在咨询关系中随时间发展。人们常常陷于许多不同问题的交互影响下，因此外化的对话必须一次次开展。

## 如何发展外化的对话

1. 不要在来访者一开始谈论问题的时候就进行外化。仔细聆听并仔细了解问题故事，以确保你在发展外化的对话时，充分掌握了问题的深度和广度。

2. 如果对于外化语言的运用感到不自然，可以向来访者解释你所做的。你可以说，"我有时会将问题看成在你身体之外，并且询问它对你所造成的影响。我发现这样做有助于带来新的观点，这也可以帮我们找到解决问题的方法。如果我们试试看这样的方式，你觉得可以吗？"

3. 不要担心自己以"它"、"这个问题"或"这些困难"来称呼未经探索的议题。这样的措辞给予咨询师充分的时间探索问题在来访者生活中持续带来的影响，不因太快锁定焦点，而有所忽略。

4. 邀请来访者为问题命名。你可以说："我们已经谈了许多过去几周在学校发生的事。我们可不可以为这整个情况取一个名字？对于命名你有没有什么想法？"

5. 人们常无法立即为问题找出适合的命名。可以通过描述问题来帮助他们命名。Freeman（1997）曾建议如果学生在描述问题时曾说"温暖"，你可以接着询问，"是什么让你热起来的？"

6. 无论你何时开始邀请来访者为问题命名，选择符合他们经验的语言。如果我们使用"争执"这个简单常见的字眼，描述来访者因为不公平而造成的痛苦、复杂的经验，可能让来访者因为自己的经验不被听见、不被尊重而受到二次伤害。

7. 如果来访者因为多个问题前来求助，咨询师选择外化的问题可能并非来访者此时的关注焦点。为了避免失焦，最好询问来访者目前最关心的议题再进行咨询。

8. 在人们因为理所当然的论述而内化问题时，外化的对话能够发挥最大的力量。在面对像是自责、愤怒、伤痛、尴尬、羞愧等情绪时，不要去外化情绪本身。探索产生情绪的事件或情境，并进行外化。举例而言，如果女孩因为校园内散播着关于自己的的流言而感到受伤，外化"流言"，并且将受伤视为流言的影响。如果流言是关于她的身材肥胖，我们可以外化"过度饮食"，因为可能她内化了问题，认为是因为自己缺乏意志力或过于贪食。我们可以进一步外化散播流言者对于"理想的身材"的想法，如何伤害了她的自尊。

9. 特别对于年纪较小的学生（对年纪较长的学生或成人也可以），可以将外化的对象拟人化。Michael White（1989a）有个著名的治疗故事是关于"狡猾的便便"，是外化拟人化的最佳代表。问题拟人化的过程，可以去发展问题的命名和性格。我们可以将问题视为拥有想法和感受，并且是欺瞒的、狡猾的、饥渴的或贪婪的。例如如果"它"在来访者的生活中得逞时，会感到胜利、快乐，在未能控制来访者生活时，会感到生气、失望等等。这样对于问题的拟人化，让对话变得更加具体、有张力，也增加改变的可能。

10. 当咨询师对于问题发展了外化的对话时，需要在接下来的一段时间里，经常在对话中运用这样的外化。开始界定问题对于来访者的影响。此时的问话可以是："所以麻烦精的名声对你的影响是什么？""这让别人怎么想你？""麻烦精这个名声是怎么说服他们的？""它如何影响你对自己的看法？""它想要你怎么反应？"当来访者提到其他的想法、感受和行为时，这些都可以被视为问题所设下的陷阱。

11. 在外化之后，运用列表的方式写下问题的长度、广度和深度。

    **长度**：与问题的历史相关："这个问题出现多久了？""它是何时开始的？""它随时间是恶化还是改善的？"也可以去探讨对未来的影响（如果情况依目前的方式发展下去）。可以在过程中画出问题发展史的时间线和图表。

**广度**：意指问题的影响范围："这个问题影响了你生活中的哪些层面？""它是只在学校发生，还是也跟着你回家？""它是随时影响你对自己的感觉，还是只有在数学课的时候才影响你？"也可以透过探索生活的不同面向了解问题的影响范围，例如感受、内在经验、自我认同、态度、关系、班级表现、家人互动、友谊、学习习惯、生涯规划、学业成绩、运动、社会认同等等。

**深度**：意指问题影响的强度："问题对你影响的程度是什么？""它的严重性是什么？""问题影响的强度有什么变化吗？"如果是肯定的，"什么时候最难受控制？什么时候较容易控制？"问题影响的强度可以由来访者或咨询师依时间轴线绘制图表，也可以标示出变化当时所发生的事件。

Mary-Anne 想要了解抑郁是如何侵袭 Elaine 的生活，如何榨干了她的快乐与欢笑。透过探索抑郁对 Elaine 的影响，以及它让 Elaine 付出的代价，Mary-Anne 想在抑郁与 Elaine 之间创造一个空间，让 Elaine 发掘抑郁并未夺走她的一切。Mary-Anne 想探索抑郁是如何带走 Elaine 生命中的快乐与欢笑的。

Elaine 描述"它"的强大以及对"它"的恐惧。Mary-Anne 提议 Elaine 叙说自己的故事时，用电脑记录下来。说故事的过程可以更清楚地了解抑郁对 Elaine 生活的企图。对 Elaine 而言，咨询师与她并肩而坐似乎让她更加放松。

接下来两次会谈他们了解抑郁开始出现时的样貌，它随后如何发展，以及它如何影响 Elaine 对自己的看法。抑郁常

## 第二章 叙事治疗的实践

> 说服 Elaine 该为父母的分居自责。它总是提醒 Elaine 父母因为她承受了多少生活压力。它放大了 Elaine 不听从父母、没做好本份的时刻。因为 Elaine 的许多朋友都是生长在单亲家庭，Elaine 特别为父母和谐的关系感到自豪。抑郁现在告诉 Elaine 她活在谎言当中。抑郁说服她，过去她以父母的生活方式所建立的未来生活蓝图已然被摧毁。

在整个会谈过程中，Mary-Anne 不断地发展外化的对话，不只是为问题命名，还包括了解问题是如何影响 Elaine 的生活。过程中 Mary-Anne 询问问题影响的问话举例如下：

1. 抑郁是如何影响你
   快乐的能力？
   对未来的计划？
   学习的能力？
   与朋友及家人的关系？
2. 从 1 到 100 分之间，你认为抑郁占据你生活的比例是多少？（0 是完全没有，100 是完全占领。）
3. 抑郁是怎么说服你去质疑你过去对自己的信念？
4. 抑郁对你耍了什么诡计，让你感觉如此悲惨？

这些问话帮着梳理了原本盘根错结的问题。问题至此变得清晰、可言说、可被处理。这些问话也刻意在措辞上将人与问题分开。自我厌弃的想法与感受也在问话过程得到澄清。将人与问题分开的对话过程也使得来访者对问题的影响产生全新的观点。自责程度降低减轻了 Elaine 身上的重担，并有更多能量去翻转问题所带来的影响。

我们希望读者已然注意到我们在这一个段落中所描写的不同的语言使用方式。如果时时以此方式运用语言，将为人们指出不同观点的可能。此种对话方式并不否定问题对于人们生活的影响力。它给予来访者更大的力量与空间去中断问题所造成的影响。

## 搜寻关于"能力"的线索

在发展外化对话的过程中，咨询师必须对指向人们能力的线索保持敏感和觉察。就像侦探办案一般，开始时，破案的线索十分隐蔽、稀少，咨询师小心梳理问题故事，寻找支线故事的入口。有时这样的线索毫不起眼，出现在连来访者也不易觉察的对话过程中。有时，我们必须刻意透过问话寻找。此种"特殊意义事件（unique outcomes, White & Epston, 1990）"可能以下列形式出现：

- 行动
- 想法
- 行为的意图
- 问题影响较小的片刻
- 不受问题影响的生活层面
- 特殊能力
- 克服问题的知识
- 不受问题影响的人际互动
- 不受问题影响的关系

无论何时，当特殊意义事件的线索出现时，需要咨询师的觉察，及透过来访者的协助去仔细发展对话，小心探索不受问题支配的证据或线索。许多叙事咨询师开始时都挣扎于寻找特殊意义事件。经过练习，咨询师将更容易看见支线故事的入口。表2.4提供了寻找支线故事入口的几个方式。

### 表2.4 寻找关于能力线索的建议

1. 即使再困难，相信问题故事中总是存在特殊意义事件。

2. 与来访者讨论他们与问题的关系，以了解其中的变化。

3. 询问来访者是否想要问题持续下去。当事人透过语言表达击败问题的渴望可能是建构解决之道的重要步骤。

4. 留意任何与问题影响不同的线索。当你听到时，中断来访者的叙述并且仔细询问。

5. 不要太快接受问题只是"刚好"没有发挥影响的事件描述。由于深浸于问题的影响当中，人们容易忽略了自己重要的行动。仔细了解来访者在此时的想法和不同的行动。

6. 如果来访者无法看到自己的能力，你或来访者可以邀请生活中其他人（例如老师、父母、同学等）去见证他的能力。

7. 主动询问问题消失、强度减弱的时刻。

8. 协助来访者分辨行动与意图之间的差别。人们常未觉察自己行动背后的意图，而这些意图也常不为人了解。意图常因问题的影响而被破坏殆尽。探索意图并将之带入对话过程将能拯救这些意图免于被遗落。

让我们以 Elaine 的故事做为例证。当抑郁尝试夺走 Elaine 的能力和信念时,另一个故事却道出 Elaine 在问题的强烈攻势下仍然存在自我保护的能力。在下一次会谈时,抑郁的影响仍然持续着,而 Elaine 似乎精疲力竭了。Mary-Anne 告诉 Elaine 她不会允许抑郁击溃 Elaine 的希望。她接着问 Elaine 如何在抑郁攻击她的生命力和能量时保护自己。她们讨论了如何透过放松练习增加她的睡眠质量。Mary-Anne 接着透过绘制影响地图的问话(White, 1989b)探索 Elaine 如何透过各种尝试去影响问题。在这段对话过程中,她的问话包括:

- 告诉我不受抑郁影响的你是什么样子?
- 当抑郁想要将你困在床上时,你是怎么还可以去学校的?
- 你是怎么阻止抑郁跟我说话的?
- 是什么样的渴望让你没有全然臣服于抑郁?
- 你是如何阻止抑郁夺走你的渴望的?

## 评估进入支线故事的时机

无论是新手或有经验的咨询师,最常见的错误之一就是错估学生改变生命方向的兴趣、准备程度和速度。举例而言,假设来访者想要提升在校成绩,最好先检视他们是否接受目前的学业表现,或问题的影响程度。了解得到 D 或 F 的成绩对他们而言是否可以接受,或者他们想要不同的结果。我们必须问来访者:"你是否满意现在的成绩?"

学生必须在挣扎中反思自己对于参与创造校园生活支线故事的承诺程度。在高度要求学业成绩的氛围中,学校与老师都以学生的学业成绩做为评价标准,这样的环境使支线故事的创造较为困难。但咨询师在过程中是否将学生视为促进改变的合作伙伴是相当重要的。

Fisch, Weakland 和 Segal（1982），de Shazer（1988），Berg（1991）和最近的 Murphy（2006）建议我们思考在咨询过程中来访者所扮演的角色。这些学者认为在咨询过程中来访者的主要角色有三种：

1. 顾客（customer）
2. 访客（visitor）
3. 申诉者（complainants）

这样的角色分类有助于我们思考如何在校园咨询的情境中与学生接触以及如何提升他们的参与程度。

### 顾客

顾客型的来访者通常对于改变有相当程度的动机。他们主动寻求咨询或心理健康专业的协助。重要的不只是解决他们的问题，他们还想要自我提升。顾客通常不比访客或申诉者优越，但他们可能比较容易工作，至少在咨询的初期是如此。

### 访客

学校咨询师通常会见到的学生是别人要他们来的。这类的来访者我们通常称为"访客"。在校园中，要求学生前来咨询的"别人"通常是老师、父母或学校行政人员。访客通常不了解别人眼中的问题是什么。他们可能知道自己面对问题，但目前不知所措，或者不想进行任何改变。访客可能并不想回应问题，也不想与咨询师接触。访客通常对于咨询过程有许多疑虑，所以咨询师在与此类来访者工作时，必须很有创意才能建立信任关系和正向的咨询结果。与"访客"工作的首要之务就是就是邀请他们思考成为"顾客"的可能。当父母被要求到校时，可能也是"访客"型的来访者，他们可能认为问题不在自己的孩子，而是老师或校方的责任。

> 在不信任或怀疑存在时，咨询师必须创造出合作的对话空间。

在不信任或怀疑存在时，咨询师必须创造出合作的对话空间。与访客型的学生工作时，最重要的是小心地带着真诚、好奇、乐观的态度建立信任关系，并且有智慧地促进他们投入咨询历程，为自己努力。

以下是与访客型的来访者工作的一些建议：

1. 看到学生可能是非自愿地来到咨询室。"我好像看到你现在宁愿在别的地方。但现在你在这里，我们可以做些什么让你可以去做你想做的事？"

2. 即使是因转介而来，即便暂时受到束缚，仍然可以看到来访者的力量和选择。没有人在身体上束缚他们前来。"我很感谢你坐在这里，虽然我知道你宁愿在别的地方。事实上没有逃跑需要相当的胆识。在我看来，你也为自己努力没有放弃。你觉得我们需要做些什么让_____（转介你来的人）不再管你，让你可以去做自己想做的事？"

3. 外化问题，并探索问题对于来访者和来访者与家人关系的负面影响。外化的对话可以以一种非责难的方式包含每个卷入问题情境的人们。不带责难可以帮来访者由"访客"转化成为"顾客"。

4. 有时最好不要停留在问题的讨论，并且较"整体性"地与

## 第二章 叙事治疗的实践

来访者接触，而非只将来访者视为"进入咨询室需要被修正的问题学生。"讨论他们的兴趣、爱好可以快速改变咨询室的动力，与小孩工作尤其如此。举例来说，David Nylund（2000）建议不断询问被诊断为多动症（ADHD）的学生"除了 ADHD 之外，你还是谁？关于你，还有什么是你想要我认识的？"

在学校工作的叙事咨询师 Nancy Paulsen 常常问学生以下的问题：

- 你喜欢做什么？你的兴趣、爱好是什么？
- 空闲时候你喜欢做什么？
- 这样的_____（填入任何需要技能的活动。可能是骑单车、与朋友聚会、玩电脑游戏等等）必须要具备什么样的能力？
- 你觉得什么好玩？
- 你觉得自己做得好的是什么？
- 如果我们可以谈任何你想谈的话题，你想谈什么？
- 如果我问别人你擅长的是_____？他们会怎么回答？

Nancy 的问话对于探索来访者的力量、技能与渴望有着立即的效果。在发展力量的故事的努力上，她可能询问以下的问题：

- 谁是你的最佳代言人？
- 那个人会说些什么来帮助我了解你？
- 你认为那个人眼中的你是什么样子？
- 你认为那个人为什么愿意成为你特别的朋友？

- 你认为自己有什么特质让他愿意跟你成为好友？
- 为了成为别人的好友，你自己做了什么准备？

有时与学生讨论他们崇拜的偶像或喜欢的特质是有帮助的。大部分的学生都有其心目中的英雄。询问："告诉我一些你崇拜的偶像的事情，"以及"如果你成为这个偶像，你会如何面对目前在学校碰到的挑战？"是有帮助的。

5. 形成支持团队有助于将"访客"转化成为"顾客"。"我知道现在有很多人在跟你唱反调。哪个老师、朋友或学校、生活里的人是跟你站在同一边的？你觉得谁会愿意成为支持你的人？"

### 申诉者

Murphy（2006）认为此类来访者知道问题的存在、愿意谈论，但不愿采取解决行动。通常申诉者认为自己对周遭的发生无力改变。通常是别人（也许是老师或父母）的错。有时与申诉者工作最好的方式是听听他们认为改善问题的方法是什么。与申诉者工作时，可能的问话如下：

"你们是Jorge的父母，而且一直和他住在一起，你们会建议学校怎么照顾他比较符合Jorge的需要？"

可以询问学校老师："我知道你觉得情况逐渐失控了。如果你是我，你可能会想要怎么跟Amanda工作，而不是让她的问题在学校继续发展下去？"

申诉者在得到尊重时，将会开始经验到自己的主体性，而不只是一个被动的评论员。

## 提供建议的时机

有时学生想要明确的指引,并且对于来自成人的想法保持开放。虽然叙事疗法并不认为提供建议是咨询的核心,但我们仍可透过以下的方式提供建议,但需要避开专家的权威。尝试、好奇的态度仍是重要的。以下是关于尝试性的语言的一些建议:

- 过去我遇过有人跟你面对类似的问题。我不知道对你有没有用,但他们尝试了_____的方法。你觉得如何?你觉得这会对你有帮助吗?
- 因为你面对这种特殊的挑战,你会更能了解当中遇到的困难是什么。我还是想要你听听以下的方法,看看你觉得合不合适。你觉得可以吗?
- 我可能搞错了,但看看以下我所说的能不能帮上忙。
- 我想要跟你核对一下我对于这个问题的想法,看看对你有没有帮助。

在上述的回应中,咨询师透过尝试性的语言来交流他的建议。咨询师并没有成为无所不知的专家和解决问题的权威。相反地,咨询师觉察并尊重来访者的想法。由于受到尊重,来访者通常更能认真思考这些建议,因为他们并不感觉自己必须照单全收。他们能够同意或反对这些建议。更进一步而言,他们透过是否采取行动的决定权,受邀取回自己的主权。咨询关系的功能因此彰显,来访者被尊崇为支线故事的资深作家。

## 预设语言（Presuppositional Language）的使用

焦点解决治疗和叙事疗法所共有的、最受欢迎的策略之一就是预设语言的使用。O'Hanlon 和 Weiner-Davis（1989）和 Murphy（2006）都在咨询工作中使用预设语言。预设指的是推测未被明确表达出来的语意。预设语言被用以促进正向改变的发生，并邀请来访者接触潜藏在自身内的能力。它是未来导向的并且蕴含了咨询师对于来访者的能力以及运用自身资源启动改变历程的信任。以下是运用预设语言的问话：

- 想像当你开始与父母亲讨论在学校发生的事情时，对整体情况会带来什么样的变化？
- 在家人当中，谁看到你的成绩进步会最惊讶？谁会不觉得意外？
- 当你开始准时到校之后，会有什么不一样的发生？你想像老师会说什么？你的父母会说什么？你可以面对这些感到震惊的人们吗？

> 预设语言的问话不经咨询师直接的语言要求，就开启了来访者进入行为改变的可能性。

这样的问话不经咨询师直接的语言要求，就开启了来访者进入行为改变的可能性。这样的问话也提供了来访者反思他人的反应以及这些反应对自己的影响。运用预设语言问话的目标是进一步松开问题故事的捆绑，并且使来访者开始准备进入较渴望的支线故事。

## 意图探索与目标设定

有个有趣的卡通影片，内容是依据说明书在沙漠中掘井。当中有一句台词是这样说的："说明书清楚指出如何操作，但并未探究'为什么'要这样做。"咨询师在咨询工作中要很有意图。他们必须很清楚自己在做什么，以及为何而做。一个确保意图的方式是协助来访者觉察到自己在咨询中想要达成的目标。从叙事治疗的观点来看，这当中必须协助来访者反思自己想要如何经营自己的生活，是想要依循问题故事而活，还是想要依循支线故事、较渴望的故事而活。

> 咨询师在咨询工作中要很有意图。他们必须很清楚自己在做什么，以及为什么这样做。

### 带入学生对问题的观点

花些时间了解学生对问题的看法是很重要的。不只是问他们："你觉得这些问题发生的原因是什么？"还有："你想想需要什么才能让情况回到你想要的样子？"

这样的对话可以帮助咨询师与来访者决定共同努力的方向。O'Hanlon 和 Wilk（1987）谈到运用"录像谈话"（videotalk）做为厘清来访者处境的方式。"录像谈话"要求来访者成为像是运动赛事的播报员，去一幕幕地描述事情发生的经过。咨询师会询问："如果我在看你这一段生命经验的影片，我会看到什么？听到什么？"

另一个协助目标设定的方式是询问来访者："你觉得自己什么时候会知道情况开始好转了？"或者"当咨询结束而问题不再困扰你了，那会是什么样子？"

### 创造有意义的目标

目标可以很简单,但必须是有意义的。如果来访者无法投入、承诺实践,咨询师是无法独自设定有意义的目标的。以下是协商目标的一些例子:
- 提升学业成绩
- 每天到校
- 成为愤怒的主人
- 建立信任
- 在课堂里求助
- 让人们知道我有危难

### 组织支线故事

建构支线故事最大的挑战是要在问题故事强大的笼罩下,找到隐而不显的支线故事。问题故事已然支配人们的生活一段时间。就像是故事中的主角,人们也常将这样的经历视为绝对真实。身处于逆境当中,问题故事可能掩盖其他的故事情节。就像问题故事强势的发展,支线故事也必须透过一系列的情节串连发展出足以对抗问题故事的力量。单一或两个独立的经验并不足以完成这样的任务。即使是来自咨询师的鼓励或正向语言,也不足以对抗问题故事。

> 就像问题故事强势的发展,支线故事也必须透过一系列的情节串连发展出足以对抗问题故事的力量。

在叙事治疗中,咨询师的专业技能是与来访者小心组合片段,组成鼓舞人心、色彩丰富、引人入胜的故事线。支线故事或替代性故事的入口是在绘制影响地图的问话过程中,所浮现的较渴望的经验、闪光点或特殊意义事件。这些特殊意义事件有时受到遮蔽，其意义往往被来访者忽略。不只是与问题故事冲突的特殊意义事件不为人所知，常常支持支线故事的信念、态度、意图、渴望、梦想也同样不为人所知。

透过解构的问话，这些梦想、渴望、信念、意图的历史可以浮上台面。这样的过程需要咨询师在其中扮演主动积极的角色。如果咨询师退居一旁，等待来访者主动提供支线故事，这样的过程终将停滞不前。这并不代表咨询师必须从来访者手中夺走作者的角色，但这意味着咨询师必须选择某些片段透过对话事无巨细地进行探索，以发展出支线故事。让我们透过以下列表说明支持支线故事发展过程的几个方式。

**组织支线故事的建议问话**

1. 明确指出不符合问题故事的近期行动。
2. 询问来访者是如何达成这些行动的。即使人们并未将自己视为达到成功的主体，或他们将之归功于他人，仍然坚持这样的问话。询问来访者在生命中采取过什么样的行动协助他们成为自己生命的主人。
3. 询问他们在近期是否采取过其他类似的行动。
4. 询问采取这些行动之前与之后的想法和感受。询问来访者采取行动前如何为自己做准备，以及在采取行动之后的想法和感受。
5. 探索行动背后的意图或价值。
6. 当无法找到完整的行动时，探索背后的渴望与意图。
7. 邀请来访者为特殊意义事件命名。

8. 探索特殊意义事件的历史。
9. 探索特殊意义事件的可能观众。了解谁可能注意到、感谢或支持来访者的行动。此时,有用的问话可能是:"谁可能不会对你采取的行动感到惊讶?"如果他回答的是为他的行动感到惊讶的人,咨询师此时可以探索新的发展可能。如果没有人为此感到惊讶,咨询师可以接着探索别人对来访者的了解或看法。
10. 探索行动或他人对来访者的回应的意义。
11. 串联不同特殊意义事件。
12. 询问来访者是否乐见支线故事,为什么?
13. 在会谈历程中,不断注意到新的闪光点。
14. 打断回到问题故事的叙说。
15. 邀请来访者探索,如果支线故事继续发展下去,会将生活带向何处?
16. 询问来访者可能采取的下一步是什么?
17. 将认同、名誉和职业带向未来,并且好奇如果支线故事持续发展,来访者的认同、名誉和生活会是什么样子?
18. 在下一次会谈中,绘制行动、想法或感受的发展地图。

让我们以实例说明在咨询过程中的运用。

> Mary-Anne 开始仔细描绘 Elaine 为了对抗抑郁所发展出来的自身的智慧。Elaine 开始觉察到自己对抗抑郁时所运用的资源。结果发现她有许多胜过抑郁的智慧。她最喜欢的方法之一就是回想有趣的事情,像是试吃芒果,跟弟弟玩

游戏、和朋友生日派对中的恶作剧。

　　Mary-Anne 询问 Elaine 是否了解她的想法是如何强有力地阻止抑郁拖垮她的生活的。

　　Elaine 回应说:"现在我知道了,但在你问我之前,我并没有意识到这一点。"

　　Elaine 开始写诗和短篇故事。抑郁的故事使她想要写一首关于自己挣扎的诗篇。在下一次的咨询中,她带来一个装饰精美的文件夹,里面放满了她创作的诗篇和故事。她在暑假和她最喜欢的表哥度假时,进行大量创作。她优美地描绘了日落的情景。她记录了在户外活动遇上大雷雨时,那种混合着恐惧与兴奋的感受。Mary-Anne 运用了这些事件佐证抑郁无法夺走 Elaine 的敏感和创意。即使在抑郁的范围下,Elaine 的生活中仍然存在许多闪光点。Mary-Anne 询问 Elaine 她怎么拥有创作时所展现的细腻与创造力时,Elaine 想到她有记忆以来就是如此。她总是为文字和当中所蕴含的意义感到着迷。

　　Mary-Anne 接着询问:"这些经验是站在你这边的,还是跟抑郁同一阵线?"Elaine 很清楚她的创造力和天赋是支持她对抗抑郁的。

　　Mary-Anne 进一步探索 Elaine 是怎么不受抑郁吞噬,在生活中继续前进——即使有时真的很困难。

　　Elaine 想到祖父不屈不挠的精神,他在妻子过世时展现了这样的精神。

　　Mary-Anne 询问 Elaine 她的祖父会怎么形容她小时候的样子,"你的爷爷如果听到我们现在的对话,听到你是怎么对抗抑郁时,他会感到惊讶吗?"

这些问话引导Elaine重新看到自己承袭了爷爷的精神。她觉得在对抗抑郁的过程中不再那么孤单了!

## 记录佐证

从叙事治疗的观点来看,新的故事只有在观众欣赏的情况下才算完整。当然,来访者与咨询师是较渴望故事的第一个见证人。但新故事有可能因为来访者生活中其他人期待旧故事继续而再次被淹没。因此,创造能鼓舞来访者持续发展新故事的观众,是叙事咨询师的责任。

通常文件能够深化咨询工作的影响。这样的文件不只是咨询对话历程的记录。这样的文件可以长时间不断重复阅读,使人们重温支线故事。因此,叙事治疗师通常擅于运用这样的治疗文件,并以此让新的故事不断发生(White & Epston, 1990)。

> 运用叙事治疗架构的咨询师通常面对的挑战是:如何创造出支线故事可以被记录、并在校园内流通的方式。

在校园中存在着许多文字沟通的形式,通常是为了满足制度的要求,并记录校园文化。然而,问题通常比解决之道更常被记录。运用叙事治疗架构的咨询师通常面对的挑战是:如何创造出支线故事可以被记录、并在校园内流通的方式。

以下是一些可能的方式:

1. 邀请重要他人进入咨询室。这些人可能是家人、老师或同学。确定这些人在新的故事浮出台面时,愿意观看、欣赏。
2. 写信给来访者,透过文字记录下他们在克服问题的过程中,所达到的成就。

3. 与来访者一起写信给老师或父母。
4. 颁发证书，见证、庆贺来访者克服问题或从问题故事中毕业。
5. 透过报告的形式，邀请老师见证学生不同的表现或为新故事发展所做的努力。
6. 邀请家人撰写"负起责任"的故事，在个案研讨会上呈现。
7. 在最后的记录中，写下来访者在对抗问题过程中的进步。
8. 透过校刊或信件记录学生在面对重大问题过程中的进展和成就。

**我们以 Mary-Anne 写给 Elaine 的信件作为实例：**

亲爱的 Elaine，

　　我想要为我们昨天的对话留下记录，也想让你知道它对我的影响。我们昨天的会谈也让我开始好奇目前在你的生活中正在发生的各种可能性。

　　你说在自己和抑郁之间开始有距离了，而且在上个礼拜感觉比较像是自己。你注意到自己让抑郁愈来愈难影响你对生活的计划。你为下次考试拟定了读书计划，并且已经开始执行，而抑郁在其间只出现一下子。

　　我很荣幸能在昨天分享你的诗作和短篇小说。我特别喜欢你书写的来自 Badendrop 的六指男孩。故事中的主角让我忍不住想到，在现实生活中勇敢的你是如何克服生命中的困难。

　　你说你已经从抑郁手中夺回 90% 自己，而这已经比一个月前多了一倍的比例。我还是想要让你知道，你已经从力量强大的抑郁手中，夺回了大部分的生命主权。

　　我还注意到来自自己和旁人期待的影响。这是一个常使抑郁流连忘返的区域。你仍要面对的挑战是，如何在父母分居的情况下，表达对他们的关心。

　　你的话语仍旧回荡在我的耳边：

　　"我可以接受爸爸妈妈分居不是因为我。他们有权决定什么对他们是最

> 好的，我也同样有权决定什么对我是最好的。我仍然可以希望他们复合，但我知道我不能强迫他们这么做。当我跟自己说，我有能力改变爸爸妈妈的想法时，抑郁就来了。"
>
> 你也注意到疲劳减少了，睡眠容易了。我想要知道你怎么样可以让自己更放松，让自己头脑更清晰。
>
> 你注意到近来当你前进两步时，抑郁会让你后退一步。听起来你很有现实感，并且看到抑郁的影响，但你仍不断前行。
>
> Elaine，谢谢你与我分享你的故事。我等不及要看接下来的发展了！
>
> 献上我最温馨的祝福
> Mary-Anne

## 预测问题复发及准备

通常咨询师与来访者在力量、进步和勇气的支线故事出现时，会感到相当兴奋，并低估了失败、恐惧和抑郁等问题故事的影响力。当来访者出现正向转变时，可能是相当振奋人心的。然而，在成功之后又再次发生过去失败的旧模式，对学生或新手咨询师而言，都是令人气馁的。问题故事强大的影响力已然持续一段时间，让学生继续经历挫折或失败也就不令人意外。为了协助面对问题卷土重来的灰心丧气，最好能事先针对当问题故事再次上演时拟定对策并加以演练。首先，通常预测问题故事的重演会是相当有帮助的。因此在问题再次发生时，对学生已然付出的努力和改变的动力所产生的影响就会大幅降低。询问来访者如何面对复发的问题，将使他们在问题卷土重来时有较好的心理准备。以下

> 为了协助面对问题卷土重来的灰心丧气，咨询师最好能和学生一起，事先针对问题故事再次上演时的情景，拟定对策并加以演练。

## 第二章 叙事治疗的实践

是一些问题的实例：

- 如果这个问题试图再回到你的生活时，你有没有什么计划可以去准备，以使自己能够再次面对问题所造成的一团乱？
- 如果你的成绩再次退步，而且未能按时到校，你想要如何阻止这些老问题再次侵袭你的生活？

其他的策略包括共同拟定明确、详尽的计划去避免受到旧问题的打击。举例而言，Reiko 的问题是无法准时到校。她的家庭生活十分混乱，家人也赋予她过多的责任。然而，在进入叙事治疗后，她在一个月之内成功地准时进到课堂。在最后一次咨询时，她和咨询师花了十分钟的时间拟定对策以应对使她无法准时到校的潜在威胁。她们找出三个协助她持续准时到校的支持：

1. 如果男朋友邀我在周日晚上和他出去玩，我会提醒他我现在在学校表现良好，而且不想要任何事影响到我的学业成绩和在校表现。
2. 当我爸爸在上课期间要求我照顾襁褓中的妹妹时，我会提醒他，我现在在学校真的表现良好，如果我留在家里，那我将无法达成我要的目标。我想要成功，而且我会帮忙想办法找到其他的替代方式。
3. 当我的朋友想要跷课去逛街时，我会告诉他们，我真的很喜欢和他们在一起，但我答应了自己这个学期会留在学校好好上课，因为我想要毕业。我会尽力让他们答应在周五晚上再一起出去玩。

## 一个提醒

因为我们详细列举了叙事治疗的进行步骤，我们也要提醒读者必须带着觉察去运用这样的咨询方式。虽然这些指引是为了协助新手咨询师如何进行叙事治疗，但其中也有失真的风险。事实上，很少的咨询关系会全然照着我们上面所阐述的方式进行。虽然为了便于学习，我们列出以上的步骤指引，却不鼓励大家墨守成规。对话并非以有问必答的线性方式开展。实际上在咨询室的对话有时是跳跃甚至混乱的。当我们运用以上的步骤进行咨询时，将之视为往复循环的过程可能比线性过程要更贴近真实。我们可能发现自己在一段咨询关系中，甚至是在一次会谈中多次重复循环几个咨询步骤，我们能做的是持续地：

- 在听问题故事的过程中，持续外化的对话。
- 运用外化对话中，绘制影响地图。
- 在问题故事中，聆听来访者的能力或技能。
- 丰富关于能力的支线故事，加以文字记录甚至出版来访者的成功经验。

在第一章里，我们以案例说明叙事治疗的进行方式。在本章中，我们阐述了影响叙事治疗的基本概念、态度和进行方式。本书要介绍的概念至此已大致勾勒完成。接下来我们会继续详细阐述，如何在学校咨询师经常面对的有挑战的咨询过程中，以不同方式运用这些概念。但在此之前，我们想要呈现一个高中生在进行最后一次咨询时的反馈。这是来自 NewZealand Hamilton 地区，就读 Hillcrest 高中学生的对话过程，由 Donald McMenamin

所记录（2004）。我们在此呈现这段对话是为了从学生的观点，去说明进行外化对话的经验。

学　生：我第一次听到"问题才是问题"这回事。我来这里是因为我妈的问题。它让我相信我是问题。我不记得你做了什么，在这样的情况下，但你让我相信我不是问题。

咨询师：当你相信自己不是问题之后，接着发生了什么？

学　生：我觉得我可以改变它——因为它不是我。问题只是我跟妈妈的关系。然后我们就开始讨论这个有问题的关系。当你听到"问题才是问题，人不是问题"的时候，这像是在告诉你你可以改变它。因为你不能总是改变你自己，但你可以改变一些发生在你周遭的事件。所以，这就像是了解这不是你，只是在你身边发生的一些事，而你可以改变它（p.101）。

## 第 三 章
# 重建名声

在本章中，我们将仔细检视语言是如何形塑学生们的校园生活经验。描述的方式常是问题的一部分，同时也在咨询室里呈现。叙事治疗的观点要求我们仔细思考我们所使用的语言，以及语言对我们的影响。只要以些许不同的方式言说，就可以成为转化对话的工具。本章将提供对话转化的实例，让学生们能有机会言说对于自己的描述及看法。

## 存在于校园的论述

### 教师之间的问题描述

想像教师办公室正在讨论某一个班级。这个班级为一位老师带来许多挑战，其他的老师透过找问题的方式支持这位老师。他们很快进行到某几个学生的问题。包括：捣蛋、需要被注意、甚至是注意力不集中这样诊断性的语言被用来解释班上发生的问题。老师们并不想不公平地责备这几个学生，老师们也不是不关心学生们个别化的需求。然而，尽管关心，他们还是以一种不利于学生的方式进行讨论，这是他们未曾在学生或家长面前表现的方式。

身处话题中心的这位老师对于讨论的走向感到失望,但却分不清楚为何如此。由于老师们的说法,她此刻相信是因为捣蛋学生的行为而使她陷入困境。讨论开始原地打转而无法有新的突破。在午餐之后,这位老师仍然必须进到同样的班级去面对同样的问题。本章中,我们将聚焦在对于问题的言说,而非对问题人物的讨论。

## 校园文化里的言说方式

在学校班级里,学生们会得到对于自己不同方式的描述。有些描述将跟随着学生,例如在学生档案中记载学生是"学习落后",或"仍有改善空间。"或者犯了校规的学生被描述为"有行为问题",或"品行不良。"甚至被认定是"不良少年"或"少年犯。"

换言之,校园内的文化有着相当明确的语言或论述。这是普遍现象,且对于曾以学生身份处身于校园的我们而言一点也不陌生。然而,在学校里同时存在着不同的言说方式。学校文化存在不同风格或言说方式,包括游戏场的玩笑、教室里的互动、老师在亲师联络薄的留言、成绩单上的评语、奖状、或特别教育的报告书。教师们以特定风格与学生交谈或描述学生。在教室或老师办公室、在亲师座谈的场合,老师们的说话方式也有所不同。在教职员会议或毕业典礼上也充斥着对于学生不同风格的描述。

> 论述意味着在特定社会脉络下所发展出来的特定言说方式。

在第二章中,我们介绍了"论述"的概念。论述意味着在特定社会脉络下所发展出来的特定言说方式。由于学校拥有特定的社会脉络,因此也当然拥有学校的论述。我们关注的是这样的论述是如何影响人们的思考和行为。而这些被视为理所当然的假设，又是如何形塑着我们在校园生活的经验。由于被视为理所当然，因此难以注意到这些假设如何架构了人与人之间的关系，以及如何形塑出机构的功能。举例而言，在对"特殊(gifted)"学生的定义背后，存在着关于智商的论述，以及成为特殊学生的意涵。

叙事取向的学校咨询师对于论述如何形塑学生的校园经验保持警觉。例如，关于种族、信仰、文化的论述强烈影响着校园内的人际关系。同样地，性别论述也形塑着女孩与男孩的校园生活经验。学校不只是社会文化的缩影。校园内存在着清楚的论述影响着教学法和组织架构。要了解这些论述最好的方式是了解学生在校园内是如何被描述的。

## 校园内的描述

让我们列举一些在校园论述影响下的对于学生的描述。有些描述与课堂上的学业成就表现有关，例如聪明、中庸、迟钝；能够胜任、差强人意、才华横溢、智能不足；努力向上、勤奋、懒惰；愚钝、努力认真、名列前矛、有待提高、低成就；低智商、荣誉学生、特殊学生。

有些与学生所带入校园的社会脉络有关：行为偏差、误入歧途、来自单亲家庭、弱势家庭、社会剥夺、住在市区的小孩、高危险群、家庭失去功能等等。

有些与教室或学校的情境有关：老师的最爱、班上的小丑、旷课者、麻烦精、欺凌者、行为问题、破坏者、低成就动机、情绪化、辍学、寻求关注、规则遵守问题等等。

有些与在学校形成的社群有关,例如气味相投的学生会聚集在一起,有时是对社会不满的表达:例如溜冰队、光头党、瘾君子、帮派、结拜兄弟等等。

有些是近年来大幅增加的医学或精神病学诊断,例如:适应性障碍、注意力缺乏症候群、情绪障碍、阅读障碍、行为问题、对立性反抗疾患、学习障碍等等。

这样的描述都隐含着某种对人的评价或分类。换言之,凝视效应正在发生。在每个评价的背后都是所谓"正常"的标准量尺。这样的标准常是隐而不显的,文化与社会的成见交织成所谓可接受的"正常"标准,并很少受到质疑。

> 我们质疑这些标准及对于学生的描述是否可被接受,而不只是停留在个别学生的问题,以及"正常标准"与学生之间的关系。

长期以来学校咨询师透过全然接纳的态度提供给学生们在凝视效应下的喘息空间。在叙事治疗的过程中,我们以一种"共同迈进"的姿态尝试突破。我们尝试透过叙说过程翻转凝视效应对个人的影响,透明化隐而不显的标准。我们调转凝视的方向,回头质疑对于学生的描述,以及描述的创造及指派过程。咨询师透明化"正常",使"凝视效应"可受检视及评断。我们质疑这些标准及对于学生的描述是否可被接受,而不只停留在个别学生的问题,以及"正常标准"与学生之间的关系。我们透过全然的接纳邀请人们回头检视凝视效应对个人的影响以及对于学生描述的隐藏性影响。

## 学校描述的效应为何?

你可以质疑这些对于学生看法的准确度以及真实性。在一般的观念里,我们会更信任经由大量标准化测评结果建立而来的心理学准则。类似像"准确度"和"真实性"的问题是在谈话中常见的。

无论正式、科学与否,还是有不一样的描述方式存在。你可以跳过对于准确度的质疑而思考其所带来的影响。这样的描述是否透过其对人们生活的影响而成为真实?它是否影响人们对于自己的看法,进而影响其生命经验?

我们相信语言的力量,看待自己和他人的方式是具有影响力的。受描述的人们通常有着自己的生命故事,一旦描述形成,其真实性就不再是最重要的。因为儿童在学校的时间相当长,我们相信他们在学校被描述的方式,对于他们对自己及其他人的了解有决定性的影响。学生必须了解在校园生活中,重要他人对自己的描述所带来的影响。

## 叙事的隐喻

叙事的隐喻帮助我们了解过程的发生。每个描述都可以看成是故事人物的性格描述。故事中人物性格的发展可以随着时间变化。儿童可能根据不同的描述而成为不同故事的主角或配角。举例而言,儿童被描述为"学业成绩低落"并开始参与"学业成绩低落"的故事演出。他们开始调整对于自己的想法,认为自己在课业上表现不够好。老师可能对于学生学业表现落后的原因有所判断,例如"懒惰",并开始施以更严格的要求。因为不喜欢受到更严格的对待,学生可能开始降低和老师合作的意愿,并且在学业上表现更差。这种"学业成绩低落"的故事情节发展可能与老师在一开始的描述并没有直接关系。

许多校园中对于学生的看法也同时带来非常正向的影响。学生常常内化对于自己的正向描述,并将之转化为一生受用的生命资源。他们相信自己的能力,因为他们常被师长描述为"能力卓越"。所以他们带着这样的自信和学习的热忱去发展自己的潜能与能力。在这样的例子里,论述对生活发展的影响不全然是负面的,有权力论述的人们有意识地运用自己的影响,使学生能发展出理想的社会功能。

然而,咨询师常在校园内发现许多学生受困于负面评价的影响。咨询师们常发现这样的负面评价使学生贬抑自己,并且内化成为对自己的评价。这样的负面评价为学生带来许多困扰,并窄化他们可能的发展。这样的描述一旦被学生内化,将带来信心危机或形成负面的自我认同。因此,对这些学生而言,评价他们的师长就成为"失败"、"遭受拒绝"故事发展的背后推手。

> 咨询师常在校园内发现许多学生受困于负面评价的影响。咨询师们发现这样的负面评价使学生贬抑自己,并且内化成为对自己的评价。

在此情况下,叙事治疗协助咨询师看到每一个描述都只是学生的一部分而非全部。叙事治疗认为即使是所谓"科学化"的客观描述都包含着未经质疑的"真理",因此只需将之看成其中一个故事(Gergen, 1985, 1990;Hoshmand & Polkinghorne, 1992)。这样的看法并非在贬抑对于学生描述的价值。相反地,它暗示了一种对于描述对故事影响的重视与尊敬。描述在所有的文化中都有着重要的影响,同样的,文化对于"科学化"的修辞也有着重要的影响。

## 改写

　　叙事观点也使我们能够将故事看成部分或暂时的真理，而非固定不变的实相。故事是可以被编辑、修正的。故事也是可以被重新诠释的。我们可以透过新的素材或不同角度改写故事。咨询工作可以看成是帮助学生成为自己生命故事的作者、并创造自己的生活的过程。有时，这意味着采取校园生活的非主流论述，并采集符合非主流论述的故事情节。在这样的过程中，咨询师的首要之务是帮忙学生将自己与问题故事分开，并去靠近他们对于生活的渴望。

> 咨询工作可以被看成是帮助学生成为自己生命故事的作者，并创造自己生活的过程。

　　为了达成上述目标，我们在前两章所勾勒的叙事治疗概念是相当有用的。问题故事可以被外化、讨论。举例而言，"分心"可以被外化成在课堂上去找学生的"访客"，它会在学生耳边低语，说服学生放弃完成课堂练习的念头。咨询师接着邀请学生去评估他们与"分心"的关系，并思考如何对抗分心对于学生在课堂表现的入侵。叙事治疗是非常另类的方式，透过"外化"去看待一个"内化"了的问题描述，例如"注意力不集中"。这样的方式较能吸引儿童。在我们进一步阐述叙事治疗之前，让我们检视描述是如何成为学生自我认同的"固定标签"。

## 教师的权力

　　并不是每个描述都会内化、决定一个人生命故事的发展方向和主题。因此，我们需要思考是什么因素使得一个特定描述对人是有意义的和权威的。在师生关系中，老师所说的远比学生所说的具有影响力。在老师声音背后的权威是自师生关系存在以来就是如此。在学生心中，也认为老师有权力指导在校园生活的所有时间、所有面向。这样的权力影响是单向的。学生对于老师的言行举止或职业发展是无权评判的。

## 专业权威

同样地，咨询师与心理治疗师也有权为学生的状态命名，在这种命名背后存在着的权威使得人们难以忽视咨询师与心理治疗师的看法。专业背后的知识体系是咨询师与心理治疗师构筑权威的后盾。这样的知识体系可能声称自己经过科学实证，并有较高的客观性。透过这样的权威形成的看法，看起来似乎不受社会文化因素所影响。因此，咨询师与教师对学生的描述是他们难以抵挡的。来自咨询师与老师的描述看起来是不容置疑的。这样的权威看法常常在没有实证的基础上被加以散播、运用。构筑在知识体系上的专业，使得咨询师和老师成为父母和学生眼中的权威。

这样的权力关系也反映在学生如何看待老师所说的语言。当父母与老师同时认为某个学生是有"身心障碍"的，对这个学生的自我认同而言，老师的看法的意义大于父母。现在，再想像这样的语言出自一个具备专业知能的心理学家，在经过心理测验之后所下的结论。后者具备更高的影响力与权威感。

想像这个学生的意义网络中其他因素也可能支持"身心障碍"描述。同学可能嘲笑学生是"笨蛋"。这个学生可能在比较了自己与其他手足的表现后感到羞愧。或者他可能会努力想要赢得同学们的接受，并且担心着所有自己与其他人不同的地方。这个学生可能为了赶上其他同学的表现、符合校方期待而感到焦虑。结果，"身心障碍"一词给学生带来了负面暗示，同时也影响老师对于学生进一步的认识。

了解关系中的权力意味着伦理的责任：带着尊重的态度，避免标签化、概括化的描述。这意味着放下全知的态度，了解自己所知有限——即使当事人把我们视为专家，并期待我们表达想法。

## 透过好奇颠覆主导模式

叙事咨询的目标之一是解构（White,1992），即创造对话空间，颠覆支配的权力关系模式。这并非易事。首先咨询师必须带着好奇的态度进入咨询室。

举例而言，在协助学科选择的过程中，我们可能会询问一个女孩，她是怎么形成"自己不擅长学习理科"这样的想法的。我们可以直接问她，是不是性别角色故事中"男孩更擅长学习理科"这样的说法影响到她对自己的看法。我们还可以问她老师对她理科学习能力的评语是不是影响到她对自己的评价。然后，我们可以从外化形塑学习表现的故事，帮她与之拉开一段距离。我们可以思考事情有不同发展的可能性。如此一来，我们可认为来访者开启形塑她自己的学习表现故事的空间，其中包括消弱以性别角色为基础的学科选择主流故事对她的影响。我们也可以通过校园中其他的重要他人来支持支线故事的发展。例如，一位认可女孩天资与能力的老师，并且这位老师会在学科选择中支持她。

## 关于障碍的论述

教育与心理测评在过去一个世纪以来的发展增加了大量对于所谓"正常"的论述。然而，这样的论述也带来了负面效应。在心理学里增加了大量的障碍类别（Gergen, 1990, 1994）。相较于过去，学生们更容易被诊断为某一种心理疾病，只因为诊断类别增加，且专业人士与普通大众都更容易得到相关讯息。心理疾病种类的增加已大量提升了患病的人口比及流行率。许多疾病将早期存在于校园的论述视为衡量标准，将不符标准的学生视为"患病的个体"（例如适应不良、阅读障碍、行为问题、学业表现落后、学习障碍等等）。

你可能会问："这有什么问题吗？""当然，如果这样的描述清楚勾勒出我们要面对处理的'问题'，那有何不可呢？"

如果所有的疾病、症状的描述为人们带来正向改变，我们将乐见其成。问题是，此种资讯的增加与容易取得，使我们开始关注病理，而非提升能力或健康。Gregen 进一步指出，我们应重视心理障碍描述给人们造成的影响。他列举了几种常见的心理障碍描述是如何使我们关注在病理化而非提升人们的能力或健康的。这几种描述包括：个人的自我衰弱、过度依赖权威、社会资源侵蚀。让我们仔细检视这样的说法。

> 问题是，心理障碍描述的容易获得，使我们开始关注病理，而非提升能力或健康。

### 个人的自我衰弱

心理障碍的描述通常是概括性的，就好像这是一个人最核心

## 第三章　重建名声

的部分。举例而言，教师、父母以及儿童自己开始假定：某人是"成瘾"人格；某人天生是学校的破坏者；某人是行为失序的；某人在任何时间或情境中都是愚蠢的。在这样的思考模式中，心理障碍的描述对人有着恒定不变的影响。就像照片的定型液（在数码相机流行之前）使照片中的影像固定不变一样。虽然教育和心理治疗都试图使人有更好的发展，但是身心障碍的症状描述通常被用来"固定"对一个人的特殊方面的理解。如此一来，所有的努力都在维持现状。

将一个被诊断为心理障碍的人描述成有缺陷的、无法为自己负起全部责任的人，是很容易的。这样的观点使得人们认为自己有缺陷或低人一等。即使在他们自己的眼中，他们的想法、感受也是需要治疗的，而非值得尊重的。一个人的自我认同因此受到贬抑而非鼓舞。

### "我做不到"

曾有一位校长询问受过叙事治疗训练的咨询师以下的问题："如果一个孩子对你说，'Adams 小姐，我有 ADHD（注意力不集中及多动症候群）几年了。医生、妈妈和爸爸说这个疾病大概会跟着我一辈子，所以我现在要学会适应它。你和老师也要学会适应它。我没办法决定自己是不是有 ADHD，但是我会很乐意教你关于它的一切。'，你会怎么做？"

Jane 在 10 岁时，按照主流文化论述强调的身心障碍是所有行为的归因，她了解了她的破坏性行为是来自生理因素，且只能依靠药物控制。结果她与父母依赖专家权威解决他们的问题。她也在同样情况下被叫进校长室。校长并未将 Jane 视为一个能为自己负责的个体。Jane 也不认为自己能为自己负责。在她们的互动中，诊断成为"对话中止剂"。这样的思考方式使得她们无法进一步讨论接下来的应对方式，她们也更依赖药物来解决问题。

许多对 Jane 具有影响力的人们也透过症状与她联结。描述症状的专业语言说服他们相信此一"客观"诊断的真实性。事实上，人们很容易听从这类专业知识。孩童、父母与教师可能都因此无法在应对问题的过程中采取主动。他们往往认为自己无能为力而放弃。除了按时服药，他们只能袖手旁观。这是这位校长在询问学校咨询师上述问题时，心里所关心的。她不想在 ADHD 影响着 Jane 的校园生活时，被动地袖手旁观。

由于对医学诊断深信不移，父母无法注意到孩童生活中不符合症状描述的事件或行为。服药被视为唯一的解决之道。改变也因此被视为药物控制的功劳。当显著变化未发生时，人们因此陷入悲观、绝望。当 Jane 说，"我对我的行为、我自己没办法"时，每个人都因此降低他们对于整体情况的期望。

由此可知，运用描述问题的病理语言，通常阻碍着我们达成预期的目标。叙事治疗寻找病理逻辑之外的描述方式，以减少削弱人们力量的可能。将"人与问题分开"使得人们不再被动无助，进而开启了采取有效行动的可能。外化的对话在本质上就邀请咨询师与来访者形成联盟，并将问题置于对岸。在这样的对话中，ADHD 才是问题，Jane 不是问题。Jane 与咨询师和她的父母，甚至是校长、课堂教师可以开

> 叙事治疗寻找病理逻辑之外的描述方式，以减少消弱人们力量的可能。

## 第三章 重建名声

始讨论 ADHD 对他们的影响。

- ADHD 对 Jane 在课堂上、在家里、在运动时、用餐时、游戏时有同等的影响吗？ADHD 对家庭生活的影响是什么？对班级的影响是什么？
- 它是否使周遭人们（包括校长）感到无助和挫折？
- 它是否有休兵的时候？
- 它如何说服 Jane，她对 ADHD 是束手无策的？
- 它是否也尝试说服其他人他们对 ADHD 什么也做不了？
- 它的说服力从何而来？
- 服用药物是否帮忙 Jane 从 ADHD 手中赢回生命的主权？
- 学校教职员是否与 Jane 同一阵线与 ADHD 对抗？
- 他们目前采取过最有益的行动是什么？

这是叙事咨询师有别于内化、病理化的思维所采取的探索方式。上述每一个问题都假设 Jane 与她的父母、学校校长拥有自己生活和关系的主权。叙事治疗不将人建构在被动的位置或将生命主权交给身心疾患。

### 对专业的依赖

另一个病理逻辑的产物是对于专业权威的依赖。当我们愈相信专业知识，我们就愈不信任自己的经验。如此一来更加深了专业人员与普通人之间的鸿沟，同时也建构了治疗师与来访者之间的权力关系，导致自我力量的逐渐衰败（Gergen，1990）。专业不再是个人或家庭的资源，而成为人们遵循、依赖的权威。

叙事治疗透过咨询师与来访者关系中权力的平衡来减缓上

> 叙事治疗透过咨询师与来访者关系中权力的平衡来减缓上述趋势。在咨询中征询来访者（即使是小孩子）的意见，而不以专业权威凌驾其上。

述趋势。在咨询过程中征询来访者（即使是小孩）的意见，而不以专业权威凌驾其上。举例而言，叙事治疗师可能会询问学生，是否能够提出其他问题。咨询师可能会咨询学生的专业知识，而非假设自己拥有专业权威。换言之，咨询师在咨询过程中可能开启来访者叙说的空间，并且真心关注来访者叙说过程所能带来的启发。

### 在地性知识的侵蚀

如果疾患的论述来自专业的社会地位，它终将侵蚀人们面对问题的在地性知识。这是前面那位校长面对病理化ADHD感到无助的内在经验。面对问题的地方、原民或实务性的方式常不敌所谓科学实证或专业知识。过程中，对另类"知晓"的方式的信任逐渐衰弱，人们因此减少常民的社会网络的运用，而使得此支持网络逐渐萎缩。即使带着足够宽广的视角，专业支配的趋势也在成为主流，而在地性知识逐渐势微。对于此种趋势的批评之一是这成为咨询师、教师、心理学家或医生对于少数文化社群进行"殖民"的优势论述。

> 问题通常不在于人们不知道解决的方法，而是他们所知的解决之道受到压抑——原因可能是病理化的症状描述本身。

叙事治疗师透过寻求面对问题的在地性知识来排除上述的论述殖民。其基本假设是解决之道已存在于来访者或来访者的社群之中。咨询师的工作是找出此种隐而不显的知识，并且创造实践此种知识的空间。问题通常不在于人们不知道解决的方法，而是他们所知的解决之道受到压抑——原因可能是病理化的症状描述本身。咨询师必须对于人们生活中任何有别于问题模式的"例外"线索保持警觉。一旦我们发现这种特殊意义事件，叙事治疗师将以此为基础，不是以来自于治疗师本身的知识、经验"教导"学生，而是仔细挖掘特殊意义事件所蕴含的在地性知识。

# 反抗

我们认为对于病理化描述的反抗是常见的，并且是可能的。人们在许多情况下反抗这种内化的病理化描述。为了在同侪团体中维持"酷"的形象，学生常对权威的评价表现出不在乎，即使此种评价已经影响了他们的生活。或者"酷"意味着主动连结其他成员以各种方式反抗权威，即使有时表达方式并不受到社会认可。

即使当人们开始"了解"评价、病理化描述的内涵，将之内化成为主要的自我认同，并不一定是他们喜欢的结果。许多人即使全然接受，却对此种评价所产生的影响感到不安，进而调整甚至反抗。学生对于校园内所得到的评价常有微词。他们可能感到愤怒或挣扎多年以摆脱此种评价所带来的影响。

## 与评估结果保持距离

一个13岁的中学生告诉他的咨询师："我是ADHD，但我不相信。"如果我们仔细聆听这句话的意涵，会发现这相当值得深思。这个男孩一方面公然认可对于自己的诊断的医学权威。他并未说这是医生或心理师对自己的想法。他内化了这样的诊断，认为"这是我"。但仍有一部分的他反抗此种看法。显然有一部分的他并未认可医学权威，他仍有一部分不受诊断影响。他保留着对于诊断相信与否的决定权。在此同时,他也保留了不受诊断约束的自己。

当咨询师听到"我不相信……"时,很容易将之视为"否认"的防御机制而忽略这样的语言。但叙事咨询师从中听到两个竞争中的故事线,一是权威的想法,一是这个13岁男孩的想法。咨询师听到这个13岁的男孩想要维持主体性,而非被动接受诊断。咨询师听到这个男孩想以自己的方式定义自己,而不是透过外在评价定义自己。有时,这似乎是困难又徒劳无功的努力,特别是当没有人愿意聆听他的声音时。咨询师却会倾听他的心声,支持学生的努力。咨询师可以进一步发展对话,使得男孩的声音得以流动,在这过程中,他将更有机会发展出较渴望的自我认同,而非透过病理逻辑认识自己。

## 改写的历程

让我们回顾叙事咨询师协助学生面对校园论述的立场及方式。此种立场包括聆听所有的论述。这并不代表由于论述而产生的对于学生的描述是错误或不良的;而是我们应将之视为文化产物,是关于人们的部分而非全部的事实。即使是基于科学实证的描述都只是出自特定文化价值系统下,关于人们的部分真实。此种观点的好处是让我们了解并尊重所有描述的局限性,以及以此定义人们所将造成的影响。这也允许我们免于受到此种局限及影响的遮蔽。当我们以此态度面对学生时,就能够有足够的开放空间去与他们讨论他们的想法,并透过他们的方式建立较渴望的自我认同。

叙事治疗的起点是将人与问题分开。所有内化评价后"有问题的"自我认同都是外化的对象。

## 第三章 重建名声

不将 Rowena 视为逃学生，我们会询问"远离学校"每天早上是怎么说服她不去上课的。

不与校园中其他人一样，认为 Carlos 是学习障碍，我们可以探索"学习障碍"的生活型态（Stewart & Nodrick, 1990）如何影响其他人对 Carlos（包括他自己）的期待。

不去询问老师 Gabrielle 因为情绪障碍而在班级有何特权，我们可以探索影响她维持情绪平衡的因素，并且邀请老师支持 Gabrielle 与这些因素对抗。

我们可以邀请 Damien 回顾药瘾或旷课的生活型态，并且检视这种生活型态对其求学过程及未来发展生涯的影响（包含正、负向）。

> 叙事治疗的起点是将人与问题分开。

我们可以邀请 Karena 描述并命名在她经历了与三个男孩的约会强暴后，不公平地认为她是"贱人"背后的论述。

我们可以询问 Simon "坏学生"的名声如何影响到老师和他自己对自己的想法，以及这是否符合他对自己的认识。

在这类问题之后可以接着探索来访者较渴望的自我认同。较渴望的自我认同可以透过事件和见证人加以深化。不同的自我认同连结着支线故事，咨询师可以加以深化、扩大。咨询师可以并列两个不同的故事线，并和来访者共同讨论、衡量及选择、延伸较渴望的故事。

此一改写的历程是本章的重点。我们的目的是检视主流论述对于人们的影响，以及改写能够带来的新可能。在第一章中所描述的咨询方式，以及第二章的工具可以支持此一历程。在下一章中，我们将讨论如何在特定校园咨询的脉络中运用改写：运用改写与难以面对权威的学生工作。

## 第四章
# 与身陷麻烦的学生对话

在许多学校里，咨询师被期待要帮助与学校教职员关系有困难的学生，改变他们破坏性、非法或欺凌的行为。与学校权威人士关系困难的学生，可能比其他人更容易被贴上概括性的、病理化的标签。

咨询师要如何邀请身陷麻烦的学生投入对话？咨询师如何邀请这样的学生做出行为改变，并且仍然带着尊重，而非违反他们意愿地将想法"殖民"在他们身上，或将他们当成必须接受惩罚、必须被矫正的个人。在传统的心理治疗训练中，这从来不是重点。

来访者为中心学派光靠倾听，即使再加上良好的治疗关系，也不足以有效促成身陷麻烦的来访者的行为改变。心理动力学派在快速变化的情境下也不容易在短期内催化出行为改变。邀请伤害他人的学生探索内在感受可能会合理化、强化伤害他人的行为模式。因此，表达感受的治疗方式有时无法阻止虐待他人的行为发生。

我们相信叙事治疗为学校咨询师在协助学生"负起行为责任"方面带来了全新的观点。这样的全新观点在于，在过程中可召唤出学生的最佳自我,而非一再被强调的负面自我。更进一步而言,叙事治疗中外化的对话允许我们绕过罪恶感和羞耻感,直接转向负责任的行动。本章中,我们将运用前面几章阐述的叙事思维,与在学校陷入几种典型问题的学生对话。我们将看到叙事治疗如何快速有效地促成行为改变。

## 偷窃的问题

### Jason

Jason 在学校和社区常陷入困难。他发展出偷窃的习惯,并几次在学校里人赃俱获。他的行为随着时间愈趋严重。在最后一次的事件中,他被停学,并被给予留校察看的最后一次机会。他在社区偷窃的名声也传至警察耳中。看起来他的未来似乎朝向犯罪之路发展。他被转介至学校咨询师,做为改善偷窃问题的最后机会。

很清楚地,校规无法改善 Jason 的偷窃行为。对许多其他的学生而言,校规很容易使他们改变行为。这通常不是压抑形成的。对大多数学生来说,惩罚并非训练他们诚实的必要手段。生活在社会中并用尊重他人财物的道德观,多年来经由学校、家庭、社会和媒体传输给人们。尊重财物和他人的故事常常被传颂。蕴含在故事中的价值感也不断地被传颂着、实践着、体现着。在这样的过程中,儿童将自己当成故事中的主角。他们学习并认同诚实的价值观。在认同诚实的过程中,他们将之融入自我认同。

第四章　与身陷麻烦的学生对话

我们在此所指的规范并非指对于自然本性的压抑。相反地，它是透过日常生活的互动所形成的认同。这是形塑而非压抑。这样的形塑终究会形成儿童的社会性。在学校里，儿童和老师之间的日常关系互动也在强化这样的社会性。从入学的第一天，通过指定个人可使用的空间（如桌椅、储物柜），儿童对于学校财物的态度就开始形成了。儿童也看到或听到跨越界线的行为是违规行为。

然而，主流故事虽然强烈地影响着学生们，却不可能全面掌控学生的生活。主流故事的影响不可能是铺天盖地的。不同的诚实故事在不同学生身上产生不同的影响。有些学生像是 Jason 仍学到偷窃行为，这又如何解释呢？也许在人们的生活中有不同的故事在竞争着。在社区、在学校处于劣势边缘的学生可能并不认为主流故事与他们有关。居于边缘的社会处境（Jason 来自贫穷的毛利家庭）可能削弱了主流故事的影响力。关于诚实的故事当中总是有不诚实的存在，这样的对比有利于维持主流社会的存在。强大的社会论述缩减了人们的空间。举例而言，虽然这并非真实，但有些人透过社会建构过程认定自己天生是"罪犯"。

> 在社区或学校中，处于劣势边缘的学生可能并不认为主流故事与他们有关。

Jason 的咨询师是有选择的。她可以协助 Jason 改变自己，符合学校和社区权威的期待。这可能需要 Jason 认定自己是有缺陷的。偷窃的欲望可被解释为（如此自我认同由外界输入）Jason 的道德瑕疵（"你是坏人"）、心理疾病（"你有行为控制失调"）或者社会适应不良（"你有冲动控制问题"）。

然而，Jason 的咨询师 Maria 受过叙事治疗的训练。她不认为 Jason 等于偷窃，她跟 Jason 探讨周遭环境对他的影响。她外化了"偷窃"。她邀请 Jason 谈论自己与偷窃的关系，并且检视偷窃对于生活的影响。她也邀请 Jason 评估偷窃所带来的影响，并思考这是不是他想要的发展方向。她并未因偷窃而责怪 Jason，但也没有为 Jason 的行为找藉口。她的问话如下：

- 你是什么时候开始跟偷窃合作的？
- 偷窃对你承诺了什么让你开始跟它合作？
- 偷窃如何影响别人对你的看法？
- 偷窃如何影响你对自己的看法？
- 偷窃对你现在的生活所带来的影响是什么？这是你想要的吗？

Jason 清楚表示他希望自己是诚实的人。他也期待别人的信任。他不喜欢自己现在的名声。这表示他是伪君子吗？也许，但这样的看法却忽略了他持续的努力和挣扎。人们的行为很少一致。我们常难以抉择，这是因为有两条故事线喧嚣地竞争着，为了赢得我们的注意。Jason 一方面期待自己诚实、值得信任，另一方面却有偷窃行为，这两条故事线努力想要赢得他的忠诚。

> 人们的行为很少一致。我们常难以抉择，这是因为有两条故事线喧嚣地竞争着，为了赢得我们的注意。

由于 Maria 将 Jason 看成是在两条故事线中间苦苦挣扎的人，所以 Jason 可能通过她看待他的方式来为自己的行为负责任，而不是通过概化描述的有色眼镜（例如：天生是罪犯）来定义自己。概化描述基本不给人改正或重做的机会。结果是：Jason 承诺要改写"偷窃"的自我认同。这不仅仅意味着停止偷窃的行为，而且也意味着 Jason 可以并且愿意改写自我认同。然而，他的自我认同并非完全在他的控制之下。这个情况在 Jason 的外部社交会话中存在，同时也在他的内部会话中存在。当他开始改变自己时，就发现了这样的状况。即使他已决定不再被偷窃所影响，偷窃的故事仍然在继续。朋友们仍要求 Jason 为他们偷东西。家里的钱不见了的时候，家人仍怀疑是 Jason 偷的。老师仍以怀疑的眼光看待他，并且等着他犯错。如果学校有任何东西不见了，Jason 的书包就会被搜查。在别人眼中，Jason 仍然是"小偷"。

为此，叙事治疗咨询师需要同时在社会性认同和内在承诺两个层面去改变 Jason 的自我认同。如果与咨询师的对话是 Jason 改写自我认同的重要步骤，那么，让 Jason 生活中的重要他人见证、相信 Jason 的改变也是相当重要的。Jason 也认同这样的看法。在两次连续的咨询中，他问 Maria 校长是否注意到他已经有一段时间没有违反校规了。当然，忙碌的校长不会特别注意到谁的名字没有出现在违反校规的惩处名单中，所以 Jason 考虑到校长可能会注意不到他的改变是很明智的。叙事治疗咨询师协助学生远离麻烦，并且跟随自己的智慧。

## 课堂中的问题行为

有时，和在课堂上有问题行为的学生一起工作，对于学校咨询师是有挑战的。通常，老师会将这样的学生描述成有问题行为，并要求咨询师"矫正"学生行为。咨询师必须小心踏出第一步。咨询可能会成为在咨询室外执行校规对学生造成压迫的复制过程。强迫学生来到咨询室，可能会无意地支持了社会控制体制，强化了社会阶层，混淆了权力关系，并再现了社会边缘化。

这些结果都与叙事治疗的目标背道而驰。与此同时，叙事治疗对于权力关系的关注，并不意味着我们该将不负责任的行为视为权力运作的结果而一笑置之、百般纵容。

邀请在课堂上出现破坏行为的学生投入有效的、相互尊重的、开启改变之门的咨询过程，是相当有挑战的。真正的转变是老师所乐见的、同时也允许学生为自己发声。以下是叙事治疗师可牢记在心的原则和策略：

- 视学生为可负责之人，而其行为是有意义的。
- 对学生的想法保持好奇，这代表你重视他们的观点。
- 明辨行为背后的意图和行为造成的影响。
- 拒绝宣传来自学校教职员的权威观点。
- 邀请学生为来自老师的关注或愤怒创造意义。
- 以"外化"的方式说话（例如：麻烦、发脾气或是破坏行为），避免将问题归咎于个人特质或缺陷的语言。
- 探索问题发展的历史。
- 探索主流论述，例如性别、种族、阶级对于外在环境的影响。
- 邀请学生表达个人对于负责的、非破坏性行为的想法，如果他们的言行不一也不加以批评。
- 邀请学生评估是否满意目前的师生关系。这可以包括讨论目前关系的发展趋势，以及他们是否期待改变。
- 相信学生是自己生命的主人，他们有能力决定师生关系的样貌，咨询师的职责是透过问话打开新的可能性。
- 创造师生对话，探索双方渴望的关系及互动，调和师生关系。

以下是可能的问话方式（每个问话都是一个探索的可能）：

- 在你和老师之间的问题困扰到你也困扰到老师了吗?是怎样困扰的?老师的关注对你而言意味着什么?
- 这样的问题是怎么进入教室里的?
- 问题指使你做了什么?老师是怎么回应这些行为的?举例来说,问题是怎么让老师开始仔细检视你的言行举止,并且期待你会犯错的?
- 问题想要为你制造什么样的名声?对于这样的名声你的感想是什么?
- 如果可以在这种坏名声当中为老师制造惊喜,你会需要多做些什么?
- 你最想要什么样的师生关系?有没有曾经在什么时候,即使只有几分钟的时间,你曾经享受过这样的师生关系?你和老师各自或一起做了什么,让这样的关系可以发生?
- 就某个角度来说,这些行为是不是在抗议某些不正义或不公平?这样的正义感是不是一直存在在你身上?这对你的重要性是什么?你是不是曾经还用过其他方式去表现这样的正义感,而没有危及你的名声或惹怒老师?

## "你是什么鬼?"

### Marcus

Marcus被科学老师转介前来接受咨询。转介的原因包括Marcus的性格和行为动机,老师描述的内容充满了问题的字眼,例如好斗、顶嘴、拒绝学习、上课跟同学讲话、挑衅等等。这样的描述当然无可避免地塑造出坏名声,并引起学校训导处的注意。

校园咨询师 Donald 没有跟 Marcus 去谈 Marcus 的行为原因或内在动机,而是与 Marcus 一起探索这样的名声的发展。这样的探讨是以外化的方式进行的,并探究这对 Marcus 生活的影响。Donald 邀请 Marcus 对这样的发展进行评估。Marcus 因此可以将自己与这样的名声分开。从这样的立场,他可以思考这样的名声是怎么困住他的。在过程中,他注意到,无论在家中或在学校,自己如何回应那些强加这样看法在他身上的人们。他说,他常常以"你是什么鬼。"来抗议这样的不公和惩罚。事实上 Marcus 和 Donald 开始用"你是什么鬼"来称呼问题。然而,Marcus 并不喜欢"你是什么鬼"对他校园生活的影响。他一点也不喜欢他和科学老师之间的问题!

Donald 探索了 Marcus 在生活其他方面的名声。这样的探索削弱了"你是什么鬼"的影响。Marcus 提到他在担任保姆时人们对他的看法。人们认为他是可靠、耐心、值得信任、诚实、有能力、安静的。这两种评价形成了鲜明的对比。

### 名声的选择

Donald 对这两种鲜明对比的名声很感兴趣。这两种名声各占据了 Marcus 生活多少比例? Marcus 思考了一下,回答说是各50%。然而,他也很清楚地说道,他比较喜欢自己在工作时的形象,这是他希望留给人们的印象,特别是在学校里。Marcus 和 Donald 一起实验是否可以将 Marcus 工作的形象带入校园。Marcus 无法独立达成这个目标。名声的建立不是一个人可以独立完成的。这挑战着咨询师如何开启老师与同学的参与空间。

### 邀请他人见证改变

Donald 现在已与 Marcus 形成同盟，共同对抗"你是什么鬼"这个问题。如果其他人也可以加入他们共同对抗这个问题，就更有可能可以扭转 Marcus 在校园里的坏名声。所以他们一起讨论可以尝试邀请加入见证改变的名单。讨论结果，有两个老师最可能注意到 Marcus 在课堂里可以带入工作时的形象。在 Marcus 的同意下，由 Donald 邀请这两位老师。他们特别请这两位老师注意，当 Marcus 在课堂里举手时，是请求帮助，而非意在挑衅。

一周后，Donald 邀请 Marcus 扩大工作形象的影响层面。Marcus 开心地回报，本周工作形象在上课期间的影响力已经达到95%。Donald 表达了自己的惊讶，并询问 Marcus 是如何做到的？Marcus 必须认真回想，并努力解释自己所做的，但 Donald 坚持 Marcus 思考这个问话。Marcus 想到四个成功的原因：

1. 保持安静
2. 保持迅速
3. 井然有序
4. 不寻求注意

### 展望未来

Donald 接着邀请 Marcus 展望未来。他好奇如果情况继续这样发展下去，Marcus 的生活会是什么样子？两周内，如果他们回头检视，工作形象成为老师们对他课堂表现的看法，这可能为 Marcus 的生活带来什么样的贡献？Donald 写下 Marcus 的回应，并且将之密封在一个信封里。他们同意未来找个时间一起拆封，

并比较他们的预测和实际情况的异同。

两周后，Donald 访谈当初转介 Marcus 的老师。老师对于 Marcus 大为赞赏。他说 Marcus 有了极大的转变，Marcus 在课堂的表现有百分之两百的进步。

## 记录进展

Darren 是另一个 Donald 咨询的学生。他在学校令人闻风丧胆，常在课堂惹上各种麻烦。Donald 在与 Darren 工作时，共同创造了一份文件，记录他们重新编织的与麻烦的关系的进程。在此，他们决定一起写一封信给老师们，宣告 Darren 与麻烦分离、建立新形象的决心。这封信也提醒老师们注意新发展的点点滴滴。信件如下：

---

4月10日

致 Darren Jakich 所有最敬爱的老师们：

　　Darren 了解自己在老师们心中的形象是：
- 有问题的
- 态度不佳
- 最好保持距离
- 扰乱课堂、破坏大王、难以相处
- 有时稍能学习
- 必须留意
- 顶嘴
- 粗鲁

Darren 了解这样的形象对他造成莫大伤害。

第四章　与身陷麻烦的学生对话

> 他想要改变！
> 他想要：
> 　　做得更好！
> 　　进步
> 　　不要惹上麻烦
>
> Darren 想要扭转在您心中的形象。
>
> Darren 不想要您给予差别待遇，但他邀请您（恳请您）留意他想要扭转形象的努力。
>
> 谢谢您对 Darren 提供的协助。我们一起祝福他。
>
> Donald M.

## ADHD 带来的问题：SMART 取向

目前应对学生在学校发生问题的主要处理方式之一是用药，这意味着，透过医学诊断进行药物治疗。注意力不足症（ADD）或多动症（ADHD）是其中几个较显著的例子。我们将问题行为视为生理问题，并将"治疗"责任归于医师、或咨询师。David Nylund 在2000年勾勒了与被诊断为 ADD 或 ADHD 的孩子工作的方法。他称之为 SMART 取向。我们将在此简要介绍，因为我们相信校园咨询师将从中受益。

Nylund 并不试图反驳 ADD 或 ADHD 的诊断。他并非想要与精神医学领域抗争。然而，他提醒我们不要将这样的诊断视为纯生理因素所造成（例如：这只是因为脑部腺体分泌不平衡所引起。)这样的看法忽略了在当代快速的生活步调中,儿童常受到过度刺激的事实。他认为咨询工作除了医学解释之外,还应考虑这样的文化现象。

Nylund 发展出五步骤的咨询工作方式。每个步骤第一个字母组合起来就是 SMART。接下来 您将可在这样的咨询取向中,看到叙事治疗的精神。

**步骤一**:将 ADHD 与儿童分开。这意味着与被诊断为 ADHD 的儿童工作时,邀请他们以自己的方式去命名,例如"兴奋的怪兽"。

**步骤二**:勾勒问题对于儿童、家庭、老师或人际关系的影响。这个步骤包含透过一系列的问话仔细探索问题对于儿童生活各层面的影响。包括诊断本身所造成的影响。无论问题的根源是内分泌或环境因素都不重要。在两种情况下都能运用探索影响的问话。这样的探索丰富了 ADHD 进入人们生命以后所发生的故事,并使人们注意到过去未曾留意的细节。

**步骤三**:找到 ADHD 的例外故事。此步骤必须透过问话寻找在儿童生活中,未受 ADHD 影响的层面。这样的层面可能是儿童、家人、老师透过努力地经营生活或克服 ADHD 影响的片段。这样的问话,其基本假设当然是:即使受到诊断和问题故事的遮蔽,成功的故事总是存在着。

**步骤四**:重新得回诊断为 ADHD 的儿童的特殊才能。Nylund 常常邀请儿童告诉他,除了 ADHD 之外,他们还是谁。他们的兴趣和才能为何?他们有没有什么特殊的能力?这是每个孩童都会拥有的。这样的探索将 ADHD 置放于一个不同的脉络。如此一来,ADHD 只是孩童生命故事的部分而非全部。此种探索特殊才能的问话也可能成为抵消 ADHD 影响的生命资源。

　　**步骤五：叙说并欢庆崭新的故事**。此步骤是在开启未受 ADHD 支配的新故事入口。在新的故事当中，儿童成功地发展出面对、克服 ADHD 影响的方法。发展新故事的资源来自于步骤三、步骤四。新故事的发展必须以儿童的生活为基础，而非来自书本教条或咨询师的专家知识。这需要儿童生活中重要他人的支持。新故事需要观众欣赏并突显其价值。举例而言，一如 Nylund 建议的，创造新故事，释放受困于问题故事的儿童，并宣告他们成功对抗 ADHD，并让儿童选择生活中的重要他人来分享、流传新的故事。

## 施虐行为的问题

　　许多引起教师、学校主管关注的行为和师生关系当中发生的事件有关。这些事件影响老师教学能力的发挥。通常较少人会注意到老师的行为表现是如何直接影响到儿童的学习能力。我们在此所指的是学生在课堂或校园中发生的事。许多老师未曾注意到同学之间的施虐行为，包括：

- 持续不断地欺凌或骚扰
- 嘲弄或耻笑某些人与大部分人的不同之处
- 在关系中的侵略，通常在女性同侪之间发生
- 同性或异性的歧视
- 种族歧视、虐待
- 暴力行为
- 破坏其他学生的物品

学校咨询师可能注意到校园中发生的此类事件。虽然咨询师尝试将精力放在复杂的家庭问题或预防推广教育上，但同侪之间的骚扰或暴力行为是绝不容轻视的。在同学间的互动中，学生们磨练并形塑出社交技巧、自我认同以及回应生命情境的模式。性别歧视、对女同学的些许骚扰可能导致13岁的男孩在15年后的婚姻关系中发展出控制、暴力行为。同样的，在13岁所发展出关于两性互动的支线故事，也可以在成人时期成为敬重、平等关系模式的发展基础。

## 与受虐的学生进行咨询

在与受虐的学生工作时，咨询师可以聚焦在关系中权力运作方式的形成，以及其影响。咨询师可以帮助儿童和青少年留意他们如何内化施虐行为：这样的行为如何降低他们的自信，使他们感到罪疚、恐惧、自责。接下来，咨询工作可以聚焦在重新建构自我认同和关系模式的故事，使人们脱离受害者的角色，并鼓励他们为自己生命中渴望的关系模式发声。

## 与施虐的学生进行咨询

与加害者一方的工作，需要不同的工作模式。从叙事的观点，我们可以从 Alan Jenkins（1990）与成人暴力或虐待的加害者的工作中有所学习。我们在此建议将 Jenkins 所发展出的工作原则运用在与学生的工作上，使他们靠近可能在未来导致暴力和施虐发生的行为模式。

这样的咨询工作本质含有纪律的成份，因为它尝试训练这样的学生除去认同关系中虐待和暴力的部分。从我们的观点来看，虽然所有的对话最终都在生产或复制自我认同或关系的论述。换言之，在生活中的对话和互动中，我们都在互相规范，彼此形塑。但重要的是，我们在关系中塑造出什么样的自我样貌。此种样貌满足了谁的利益、牺牲了谁？谁得到发声的空间？谁的声音被吞没或被边缘化？谁被认为要负起另一人的责任？

> 在生活中的对话和互动中，我们都在互相规范、彼此形塑。但重要的是，我们在关系中塑造出了什么样的自我样貌。

Jenkins 强调在与加害的一方工作时，邀请他们负起行为责任，改变虐待行为的过程，有三个原则：

1. 勿将暴力的行为责任置放于超过个人影响的范围。
2. 邀请来访者挑战使他们无法接受自己行为责任的限制。
3. 看见并强化每一个来访者接受自己行为责任的片段。

以上的原则可以透过一连串 Jenkins 称为对责任的"邀请"加以实践。此种邀请是透过问话探索放弃施虐行为步骤的过程。这邀请了一种对人有更多尊重的新认同与自我形象的发展。以下列出此种邀请步骤做为参考：

### 邀请学生正视自己的暴力和施虐行为

咨询师邀请学生"帮忙我们了解"导致他们前来咨询的事件。过程中，咨询师避免讨论暴力行为的成因或其他应为此受到谴责的人。固定前来咨询被视为重要的第一步。不要太快接受"我被告知要过来"的说法而忽略第一步。咨询师可以和来访者进一步探究他踏入咨询室，对于面对这样一个困难的议题所代表的意义——即使他是被强迫前来。

建议的回应包括:
- 要走进这扇大门一定很需要勇气。
- 很多人深深地懊悔自己伤害别人,却难以面对他们自己的行为。你是怎么可以面对的?
- 可以开始面对,透露着关于你的什么讯息?

透过以下问话,也可以邀请人们靠近自己的勇气:
你现在能够谈谈你的暴力行为吗?
或者
你是否有足够的坚强去面对自己的行为?

**邀请学生建构相互尊敬的、非虐待的人际互动方式**

如果学生透露出不喜欢自己施虐行为的讯息,我们可以询问他们如果从最善良的出发点出发,他们会希望自己有什么样的行为表现。我们可以思考以下的问话做为参考:
- 根据你的信念,你认为自己应该如何与女孩互动?
- 你最珍惜的友谊是什么样子?
- 理想中,你想要和这个人保持什么样的关系?
- 你想要其他人害怕你吗?如果不是,你希望人们对你有什么样的感觉?
- 如果想要人们对你有这种感觉,你需要和他们保持什么样的关系?

然而,来访者常常将自己的施虐行为归咎于他人。
她先骂我的。

第四章 与身陷麻烦的学生对话

他跟我吵架。

此时，我们可以透过以下的方式回应来访者：
- 这真的让你这么生气吗？
- 当你为此生气时，这代表着你想要和其他人在学校维持什么样的关系？
- 所以，告诉我，你理想中的朋友关系是什么样子？

这样的问话引领我们探索 Michael White（2000）所谓在人们想法中"缺席的隐现（absent but implicit）"意图。它指向一个意义的解构过程（引自 Derrida），这样的回应方式将可引领我们开启隐藏在字里行间的不同意涵。隐藏在合理化愤怒的语句中，存在着某种能够引领我们离开合理化施虐的人际行为。它带领我们接触对社会正义更高贵的渴望。

曾有来访者表达了他们在人际互动中的信念、渴望、尊重、双向交流、友善关系的渴望（无论这如何悖离着他们最近的行为），我们都可以邀请他们透过以下的方式丰富这样的表达：
- 你好像告诉我你比较期待没有暴力（胁迫、骚扰、或其他问题情境）的关系，是这样吗？
- 你可否帮我了解你是如何做出这样的决定的？
- 这是一个新的想法吗？或者你已经思考一段时间了？
- 你是否愿意在其他人不讲理的时候，仍然约束自己不使用暴力或骚扰？

### 邀请来访者检视自己错误的努力方向，培养责任感

在此步骤中，我们可以检视来访者所表达的意图、想法与实际行为的不一致之处。此步骤的用意不在于强化信念，或用意图去证实来访者实际行为的错误。想法和意图被视为受到行为干扰、限制的渴望。想法、意图的实现过程受到阻扰：例如暴力、因他人对待方式而产生的有毒信念或愤怒情绪、关于不可示弱的文化论述、不接受他人的拒绝、受人煽动或维持在朋友前的颜面等等。我们可以仔细检视暴力或骚扰行为：它是如何发生、什么因素导致它的发生、其影响以及所有涉入事件的成员。

我们可以透过以下的方式开始这样的对话：

我现在了解你并不想伤害其他人，而且你想要的是没有暴力或骚扰的友谊和关系。你清楚地表达了这对你有多重要。但我现在还不太了解，是什么让你无法将这样的想法付诸实践？如果可以了解是什么阻扰了你享受没有暴力、没有骚扰的生活，你觉得会有帮助吗？会有什么样的帮助？

### 邀请学生思考行为的发展方向

此时，焦点在于思考暴力或骚扰可能会将人们带向什么样的轨道。咨询师可以邀请学生从当下退一步思考，看到生活更大的图像。过去和现在可以是未来的参照点。此时的问话是：情况的发展会朝向改善还是恶化？在来访者与同学的关系中，受到暴力对待的一方会更好还是更糟？暴力或骚扰会如何影响来访者在学校的形象？是朝正向还是负向发展？我们可以以当下情境做为思考未来的参照。咨询师可以询问学生：如果情境继续恶化

第四章　与身陷麻烦的学生对话

的话，会发生什么结果？

此类型的问话可以引导我们对行为可能造成的人际、社会影响有更多的觉察，而不只是聚焦在当下情境。这可能足以引导来访者重新评估发展轨迹。事实上，咨询师可以透过问话引导来访者重新评估：

这是你想要的发展方向吗？为什么？

**外化限制尊重发生的因子**

此时，咨询师可以与来访者外化限制尊重发生的各种因素。重点在于避免将这些因素视为施虐行为的成因及借口。这样的对话可能忽略了不可接受的施虐行为所违反的公义，因为看来似乎它总有解释、总是无可避免。

学生的结论可以是："暴力不是我的错。这是因为我从小生长的环境不好。我没有机会变好。为什么都没有人同情我？"这不是能够学习负责的立场。

叙事的观点与此有所不同，认为谨慎、清楚的分辨是重要的。不良的生长环境和受到暴力、虐待可能导致不同的生活模式。但没有任何一种是单由过去事件所决定。在每个与人互动的片刻所产生的沟通与交流，都可能唤起我们来自过去的生活模式，然而，我们也受到当下生活环境的文化的影响。举例而言，活在强调男子气概、竞争、侵略的世界可能限制一个人发展关爱、和平的品质，或无法拒绝自小环境充斥的暴力虐待。但可以确定的是，与重视关爱、尊重等行为价值的人连结可以

> 咨询师的工作是在改变的历程中，催化出有意识的选择。从叙事治疗的观点来看，询问"是什么阻碍了人们进行较渴望的改变"，比询问"需要改变的成因"更加有效。

限制过去受虐经验对一个人行为的影响。因此，重要的是，觉察并与当下自己的限制有所区隔，打破限制人们改变的过去模式(Bateson, 1972)。

事实上，人们的改变是时时刻刻都在发生的。咨询师的工作是在改变的历程中，催化出有意识的选择。从叙事治疗的观点来看，询问"是什么阻碍了人们进行较渴望的改变"，比询问"需要改变的成因"更加有效。两者的不同在于，前者能引发希望感。归因的分析会使改变问题情境变得困难而复杂。假设改变是可能的，并且思考必须克服的困难会带来希望并且削弱问题的力量。

以下是扭转限制、促发改变的一些问话类型：
- 目前为止是什么阻止你为暴力行为负起责任？
- 是什么让负责变得困难？
- 是谁或是什么支持你不去面对暴力？
- 谁说了什么或做了什么阻碍了你尊重人的渴望？
- 男子气概这类的说法、街头文化、对帮派的忠诚、种族主义、酒精或药物会让你更靠近还是更远离暴力？为什么？

一旦我们能命名限制负起个人责任的论述，就能够加以外化并与个人分开。举例而言，男尊女卑的想法可能形塑出男学生对女老师不尊重的态度，或对女同学私下进行性骚扰。传统男尊女卑的信念可能会使阻挠来访者与女性建立渴望的互敬、友善的关系。将行为责任归咎于大男人主义可能有助于他挽回颜面，并开始将自己与之区隔开来。

如果咨询师坚持在此时询问来访者，大男人主义如何影响他与女性的关系（这是他所不想要的影响），他可能可以进一步拒绝这样的影响继续留在自己的生活之中。这样的历程可以透过绘制影响地图的问话进一步深化。举例如下：

1. 大男人主义的思想是如何影响你的生活的？它是如何说服你相信它的？它对你生活的计划是什么？它希望你在生活中有什么样的人际关系？它企图说服你成为什么样的人？它对你的影响程度有多少？

2. 你如何影响大男人主义的想法在你生活里的发展？有没有什么时候你曾经让自己不受大男人主义的影响？你有没有什么时候不受大男人主义的影响，依循自己的想法行动？你是否曾经接受女性的拒绝，而不以欺凌或骚扰的方式试图改变她？你是如何做到的？这透露了关于你的什么讯息？

### 发出挑战限制的邀请

现在讨论施虐行为的对话基础已然建立，并且将人与问题分开，我们就有立场挑战来访者，使其行为更负责任。Alan Jenkins（1990）将这样的挑战称为难以抗拒的邀请（irresistible invitations）。这是为了深化来访者承诺以更具尊重、负责的方式行动，并且准备在生活中进行重大改变，而非只将改变的责任寄希望于"善良的意图"。这样的邀请是透过小心建构出限制性选择的对话进行。学校咨询师有时必须花费一些时间与来访者一起探索这样的问话，直到他们充分思考这些问题。

> 无法抗拒的邀请是为了深化来访者承诺以更具尊重、负责的方式行动，并且准备在生活中进行重大改变，而非只是将改变的责任寄希望于"善良的意图"。

以下是此种问话的一些例子：

- 你可以控制自己的暴力，或者你较希望学校当局替你控制？
- 你是否愿意为自己的施虐行为负起责任？或者你想要继续要别人负责并以此责怪他们？
- 抱怨别人如何挑衅，真的能帮助你以自己所想要的更负责的方式行动，或者它让你可以为自己的施虐找借口？
- 你可以好好经营和女老师的关系，对她们有礼、尊重，或者这对你要求太高了？
- 在女孩拒绝你、不愿依你的意愿行事时，你是否面对自己的不安和恐惧？
- 你是否能适应在女孩、男孩被给予平等机会的校园？或者你需要女孩卑躬屈膝才能维持你的男性尊严？
- 对你而言，赢得老师、朋友的尊重是否重要？或者你想他们理所当然应当尊重你？这对你有多重要？
- 你想要他们真心尊重你，或者你可以接受他们假装，去言不由衷地说出你想听的话？
- 你是否准备好针对此一议题采取行动？或者你需要更多时间去汇聚你的勇气？

此时，咨询师可以谨慎地回应学生的任何正向说法。这不代表咨询师应带着不尊重的怀疑去和来访者交流，但透过以下问话测试来访者的真诚与决心是必要的：

- 你确定吗？
- 你想要仔细思考此一决定的后果？
- 你如何证明自己已经准备好要改变了？

第四章 与身陷麻烦的学生对话

- 什么让你认为自己已经准备好改变了？
- 你可否帮我了解怎么知道你自己已经准备好了？
- 所谓江山易改，本性难移，你对此有何看法？
- 你是否有心理准备，有些人会有段时间无法相信你的改变？

这些问话的目标在于让来访者听到自己大声宣告自己所想要的改变，并厘清当中的疑虑。这对来访者而言，比咨询师的苦口婆心要更能够支持其改变的决心。

## 催化来访者采取行动

如果此时在咨询工作中，已小心建构出成果，咨询师与来访者现在可以开始拟定改变计划。计划必须实际可行、带来可见的改变，而不是模糊的承诺，例如"我不再伤害她了。"此种承诺过于被动，所以在压力情境下难以通过考验。来访者需要的是谨慎、详细、可行的行动计划。这可能包括来访者必须进行的"内在对话"、在特定情境下所能采取的反应和选择、必要时进行演练，并建构积极主动的替代性人际互动模式，找出来访者生活中可能的支持或盟友，去促使改变的发生。

以下是建构朝向此发展方向对话的一些问话：

- 你需要什么让暴力远离你与他人的互动？
- 你如何向老师、朋友证明你承诺要在班级里不再施虐？
- 你可以想到什么方法将这些意图付诸行动？
- 你如何向女朋友证明，你尊重她的不同的感受和想法？
- 你如何让其他人知道，你想要他们在你身边时感到安全？
- 你如何知道女性面对你时仍然心存恐惧？你可以做什么

去向她保证她的安全？
- 你需要什么才能证明你不是愤怒的奴隶？
- 你如何说服老师，他们无需对你的一举一动如此警戒？
- 你需要什么才能说服自己和学校当局，你已经为自己过去的行为负起全然的责任？

重要的是，了解这些问句的目的是开启对话。咨询师必须透过好奇引导咨询的方向，小心仔细地探索来访者对以上问句的回应。他们的想法必须落实为实际经验，并邀请来访者以实际例子说明如何在生活中落实想法。此外，我们必须追溯每一个想法的来龙去脉，询问想法的来源、受到什么影响、还有这样的想法背后的模式和渴望。

在接下来的咨询中，咨询师必须追踪实践的策略在来访者生活中的发展。在此我们可以透过以下两种问话去进行：

1. 你采取了什么样的行动，从虐待关系中夺回自己的生命主权？
2. 采取这些行动对你而言有着什么样的意义？

### 行动蓝图（Landscape of Action）

上述第一个问句是关于在行动蓝图上发生的情况（White, 1992）。在咨询中，针对这个问句典型的回应是"没什么特别的。"咨询师不应因此放弃。问题故事很可能继续支配着来访者的生活，并使改变难以觉察。细微的改变似乎不值得在咨询过程中讨论。然而，看起来细微、无足轻重的改变通常是建构重大变化的第

> 看起来细微、无足轻重的改变通常是建构重大变化的第一步。

一步。因此，咨询师在此时应寻找细微的发展，并扩大其重要性及意义，而非随着来访者加以忽略。特别重要的是，询问来访者是如何对抗问题的，那怕只是极小的一步。

## 意义蓝图（Landscape of Meaning）

上述第二个问句是探索人们对事件赋予的意义。这就是所谓的意义蓝图（White, 1995，引自 Jerome Bruner, 1986）。故事在人们的生命中有着重要的意义，人们需要从中发展出一致的主题或基调。因此，故事从行动开始，我们可以透过探索每一个行动的意义来丰富故事。可以引发此种故事发展、表达好奇的问话如下：

- 来访者如何描述自己的行为
- 其他人对其行为的反馈
- 能够踏出这一步，透露了关于来访者的什么讯息
- 在此行动中，传达了来访者的哪些特质？这些特质有什么样的历史？
- 此一行动的意义对于问题的影响
- 此一成就对于未来行动的鼓舞

### 道歉

在这个阶段，一个可能的行动策略是邀请来访者为过去的施虐行为道歉。向其他人承认过去的错误，并承诺改变，这样的宣告是相当有价值的。这样的宣告可以为过去被来访者错误对待的人们带来极大的不同感受，并成为未来不同关系发展的转折点。

道歉也可能隐藏着危险。它可能成为为了满足另一方期待、缺乏深度的"交换"。对道歉的一方而言，危险的是，他们可能认为事件就此完结。然而，承认过去的错误并不代表在关系中改变。在叙事治疗的语言中，单一情节无法构成一个故事。单一情节需要与其他情节连结并随时间开展。对于接受道歉的一方而言，其危险是认为单一的道歉将使情势就此改观，或者带着嘲讽认为道歉于事无补。

从叙事治疗的观点来看，我们希望给道歉一个机会。我们也会小心看待道歉，无论表达歉意的一方有多真诚，都不足以构成或替代改变。改变的重点是将道歉与其他情节交织成更大的故事。这可能需要我们透过问话鼓励道歉的成果有更多的影响。以下是此类问话的一些例子：

- 像这样道歉需要具备什么条件？
- 听到有人能像这样道歉，对你而言代表了什么？这是第一次这样道歉吗，还是过去曾经有过这样的经验？
- 这样的道歉是因为你了解自己对别人造成的伤害吗？就你的了解，你的行为对别人造成什么影响？
- 如果你接受这样的道歉，你怎么分辨那个人是否真诚？
- 如果有人这样对你道歉，你需要他的改变持续多久，才能重新赢得你的信任？

## 旷课的问题

另一个可能影响校园生活、形成惯性模式的是旷课问题。在不同的文化脉络下，逃学有着不同的负向标签。在新西兰旷课

第四章　与身陷麻烦的学生对话

俗称 Wagging*。被抓到旷课的学生很快因此成名。学校当局和老师开始把学生视为"逃学者"，同学也开始以"翘课王"形容这个学生。

## 摆脱不掉的名声

一旦用了这样的方式描述问题，就开始影响学生的名声，并进一步影响其自我认同。即使同时在校园仍有不同的表现，这样的形象也将如影随形、挥之不去。学生常抱怨无法除去旷课的标签。

我已经连续几个礼拜到校上课了，但没有人注意。然后我才请假一天，所有人又开始注意我了。突然间，我又是旷课王了！

从叙事治疗的观点来看，此种苦恼的抱怨不是没有道理的。"旷课王"是根据拣选出的故事所形成的。一如所有对人的描述，这也有以偏概全的危险。这总结了一个人。这样的做法忽略了所有与此相冲突、不相符的事实，就如总结的那样。当事人许许多多到校上课的时刻就被这样的称呼给忽略了。这就是故事的本质。

## 从现况到可能

从叙事治疗的观点来看，我们关注的是重新拾回被主线故事遗落的情节。这样的关注不只是想要拼凑出更接近真实样貌的图像。它同时也在关注不同的可能性。因此，当有人旷课、

---

\* wagging含摇摆之意，wagging school意即在父母、学校知情或不知情下逃课。——译者注

逃学，叙事咨询师可能不会关注造成逃学的原因，而是关注学生如何克服逃学的习惯，在某一天回到学校上课。可能的问话方式如下：

- 什么帮助你拒绝了逃学的声音？
- 你怎么说服自己来到学校的？是不是有什么新的想法？
- 今天到校的意义是什么？这是不是透露你渴望拒绝逃学对于生活的影响？
- 这样的渴望是怎么来的？
- 是谁或什么会支持你这份渴望？

### Maria

Maria 被旷课的习惯困住了。她常和一群觉得自己和学校格格不入的朋友在一起。在咨询师 Aileen 的帮助下，她开始对抗可能限制未来发展的因素。当 Maria 成功地重新规律投入校园生活时，Aileen 询问她是如何做到的？

Aileen (A)：你的老师说你近来表现良好。什么改变了？

Maria (M)：噢，我只是静下来思考，未来毕业之后，我想要做什么。我想："我能做什么呢？我到底能做什么？"

A：我可否做些笔记？因为我很想多了解到校上课有困难的人。如果我未来碰到这样的学生，我可不可以告诉他："我认识一个学生，她克服了逃学的习惯，而且这些是帮助她的一些因素。"我可以这样说吗？

M：好，可以。他们可能会回答说："噢，你一定

第四章 与身陷麻烦的学生对话

是在说Maria。"因为当我逃学的时候，我经常在商店碰到其他不上课的学生。他们现在会来问我："你今天要不要出去玩？"我会回答："不，我要去学校上课。"然后他们会说："噢，你要去学校啊，那我跟你一起去好了。"

Maria继续描述自己如何决定花更多时间与支持她到校上课的朋友相处。她重新评估了过去三年的校园生活。

M：我走了一段，当我回头看的时候，那是一条通往失败的路。那也曾经是我看待自己的方式："我没法跟上学业进度。我永远也做不到。"但现在那就像我走上一条不同的道路，那是通往成功之路。

A：（进一步追问）我想要了解，你本来是走在一条路上，在这里，你给自己的讯息是"我做不到。我会失败，学校糟透了！没什么好努力的，老师们都看我不顺眼。"之类的。你还记得你是如何开始改变的吗？发生了什么让你开始改变的？

M：嗯，对，是从今年开始的，我很多表姐怀孕了，我奶奶来找我，跟我说："宝贝，你想要怎样过你的生活？"从那时我想："我什么都做不来。我没法自力更生。"奶奶的话让我明白，我自己决定了自己过什么样的生活。所以，如果我想要变坏，那是我的错。为什

> 么我不让自己成功呢？然后奶奶也告诉我，在她年轻时，没有什么选择。她唯一能做的是结婚、生子、留在家中操持家务。她接着告诉我，现代有女性成为律师等等，做任何她们想做的事，而你的表姐妹这么早怀孕，就只是停留在过去女人的处境里。她说："你是唯一的希望了。"光是知道她相信我，就让我信任自己了。

这在 Aileen 和 Maria 开始外化逃学之时，就可预料到的。这使 Maria 不再认定自己的本性是软弱的，并将逃学视为存在于社会关系中的问题。这条新的轨迹与 Maria 生命中的重要关系有着紧密连结。对于像 Maria 这样的少女而言，老奶奶的忠告有其重要性，来自老师和朋友的回应也大幅改变了 Maria 的形象。这同时也让 Maria 开始认真思考自己的生活和未来。

## 转学生的问题

有时学生在校园发生的问题会导致他们被要求转学。当他们转到新学校时，进行心理咨询可能会是他们入学的条件。不只是形式上的工作，咨询师可以将其转化为透过发展叙事对话，陪伴学生探索问题及其影响的机会。此一对话的目标可能是为满足入学条件，并成为开启转学生不同校园生活经验的转折点。学生在前一个学校的形象，可能跟随他到下一个学校。学生也可能因此带着有问题的自我认同。因此，旧的问题故事可能在新的生活脉络中再次卷土重来，相信自己是个制造问题的麻烦精。此时的挑战是建构不同的对话，使人们脱离问题的掌控，过着远离问题的生活。

> 建构不同的对话，使人们脱离问题的掌控，过着远离问题的生活。

以下是建构此种对话的一些问句：

- 你想要问题跟着你进到这个学校，或者你想要把它留在上一个学校里？
- 问题会玩什么把戏，说服你带着它？
- 在这个学校创造远离问题的生活，对你而言有什么重要性？
- 谁可能帮助你坚持创造这样的校园生活？
- 问题是如何引诱你留住它的？如果问题不在了，你可能会错过什么？
- 如果你把问题拒之门外，有谁会觉得自己遭到背叛？

## 修复

到目前为止，在此章节中，我们讨论了如何透过个别咨询处理与校园风纪有关的议题。近年来，对话更多被运用在处理关系或建立社群上。作者参与了两个计划，探索叙事理念如何应用于（校园中）修复关系（Drewery & Winslade, 2005），这些计划都从司法工作领域的"修复式会议"的概念而来（Ezhr, 2002）。这些校园风纪问题的处理方式通常是司法系统的缩影，我们相信，修复式对话可以运用在校园内风纪问题的处理上。

## 正视已造成的伤害

修复式对话的主要功能并非着眼在维护校园风纪，或在规范被破坏时，保护学校当局的权威和力量。相反地，焦点在于正视对于校园社群中个人和关系所造成的伤害。换言之，修复是正视人们所受到的伤害，而非校规或校园权威。这样的观点强调在事件中受害的一方必须被包含在处理问题的过程中，而不是由权威当局取代他们的立场。

## 修复会议（Restorative Conferences）

在实务上，实践修复理念最常运用的形式是会议，以此替代停学的处分。学习自新西兰（起源于毛利人）的家庭会议精神，修复式会议与世界上其他的修复会议相似，像是加拿大的判决圈（Sentencing Circles）（Stuart, 1997），都带有加害人与被害人之间的调解功能（Umbreit, 1998）。它不只是抚慰情感，也必须小心分辨与情感修复之间的差别。修复式会议是要求加害者承担应有的责任，而非只对其提供心理治疗。但负责的首要对象应为被害人，而非学校权威当局。

> 修复式会议是要求加害者承担应有的责任，而非只对其提供心理治疗。但负责的首要对象应为被害人，而非学校权威当局。

当我们运用叙事治疗的理念举办修复式会议时，学校咨询师成为会议的促进者，并让与会的所有人去正视已发生的问题。这意味着，与会人士不仅是加害人和被害人。此一会议可能邀请双方父母或其他家庭成员、老师、同侪团体代表、社工、社区的长者、教练等，以及所有加害人或被害人的重要他人或想要参与其中、提供支持的人们。邀请的原则是让更多的声音加入对话，而不是使问题制造者形单影只，这是与其他执行规范方式最大的不同。

**会议架构**

相对于个别咨询，在一个15到20人的会议中，促进者可以延展对话的广度。会议从合宜的欢迎开始，并邀请每个到场的成员分享一个对于会议结果的期待。然后所有与会的成员被邀请从各自的观点为问题命名。我们会运用白板或海报纸记录所有的命名，并在命名过程中确认问题的名字不涉及个人。问题的命名一定会采取外化的观点，如果成员以某人的名字做为问题的命名，促进者会立即反问："他做了什么造成问题？"然后我们会记录针对此问句的回应，而非人名。

**绘制影响地图**

下一步是在团体中由所有成员共同绘制问题的影响地图（也是在白板上）。问题的直接受害者会首先被邀请分享。影响地图的绘制能帮助所有成员看到问题存在的脉络，并影响着许多人。成员通常在此时会对问题的影响范围感到惊讶。侵犯他人的学生也受邀分享问题对他们的影响。他们可能不发一言，这是可被接受的，会议会持续进行下去。

**聆听不同的故事**

在完成了解问题故事及其影响之后，促进者可能会说："没有任何问题可以含括一个人的全部。所以现在我们想要听听，在此有没有任何人对当事人的了解，是与问题故事不相符合的？

我们开始另一个分享循环,在此我们邀请成员叙说加害者与问题故事不相符合的支线故事。成员可能会说出一个学生如何负责的故事、如何在学业上努力精进、如何关心别人等等。每一个故事也都会被记录在圈外,促进者也会逐一询问,这代表着当事人身上具备着什么样的特质。这些特质会被记录、书写在圈内。过程中将形成对当事人不同的描述,且不只是聚焦在他伤害性的行为上。这不代表我们遗忘造成伤害的故事。只是我们将当事人置放在更大的脉络中,去呈现关于他不同面向的故事。

### 提供选择

一旦不同的故事得以呈现,当事人就必须面对选择。此时,促进者会询问:"在会议结束后,你期待哪些故事可以继续发展?"大部分学生会选择正向的故事。这样的回应会被所有参与者听见,并将之视为对于改变的承诺。

### 形成计划

现在,会议的任务在于形成当事人渴望的故事版本能够继续发展的行动计划。在形成计划时,会议必须强调以下几个原则:
1. 必须正视造成伤害的行为,并加以矫正。
2. 必须询问受害人要改正这样的情形所必须具备的条件。
3. 此时邀请当事人负起的责任范围必须大于受害者个人。问题是在关系的脉络中发展、回过头影响关系脉络,所以也必须解决此一层次的问题。
4. 关于加害者正向故事的存在,不能成为伤害性行为的借口或修复的基础。正负两面的故事也不能混为一谈。

## 修复会议的效果

修复会议的效果如何？这个问题的答案取决于会议结束后是否产生了重要改变。不同研究结果显示，修复会议的确产生正向改变，因此，修复实践是值得助人工作者投入的。（这些证据来自于不同国家于校园进行修复会议的小型实验计划。）结果显示，修复会议有效地减少了错误行为的再犯率（Adair & Dixon, 2000; Drewery & Winslade, 2005; Mirsky, 2003）。

# 咨询与训导

在本章中，我们讨论了许多咨询的概念。在此要另外提及"训导"。训导的本质是教育，这与校园咨询截然不同。有时，咨询师必须与学校主管单位合作，涉入校园违规事件的处理过程，但多数咨询师宁愿由其他人员处理这样的事件。咨询师担心的是，如果自己过度涉入学校的训导工作，那将影响他们对学生提供支持性咨询的立场。这也可能违反他们向学校当局争取学生权益的立场。

我们认为，咨询师在训导工作中可发挥其影响，提供帮助，我们相信叙事观点可在此时提供清晰的视野。我们在本书前面所提供的理念及工作方式可避免对于学生的责怪与羞辱。

当学生被贴标签时，对叙事咨询师而言，重要的是寻找当事人身上其他可能存在的故事。透过外化的对话，咨询师得以探索问题存在的脉络，包含当中所运用的语言。此种对话在解构校园权力关系的同时，也邀请人们负起责任。

## 影响本章的学说

所有咨询对话都有其原则。在此，对话原则并非一般透过惩罚的手段进行打压，而是避免咨询师的独断与盲点。此对话原则是建构取向，并透过细致的对话技术形塑学生行为及特质。此原则蕴含正向的精神。学生被教导要排队、等待、透过年级建构他们的兴趣与渴望，以教科书所教导的知识认识世界，接受考试评核，并透过这些去认定自己未来的潜能。学校的成绩单执行规范的功能就如同拘留室一般。

即使校园生活的一切在不断细致演化，教育系统的规范功能仍不尽理想。并非人人都适用同一模式。事实上，许多学生徘徊在校园生活边缘。他们并非人生胜利组。他们并不符合学校所想要形塑的未来公民样貌。

## 探索与不断协商

压抑式的校园规范通常是为了矫正叛逆行为。这可能成为矫正学生符合校园主流论述的过程。咨询若成为参与此一过程的手段，将蕴含压抑的本质。然而，情势不必朝此方向发展。叙事治疗允许多元焦点的存在，并主张透过创造空间允许学生表达他们的渴望，且不落入为施虐行为找借口的陷井中，去探索与不断协商学生与问题的关系。

第 五 章

# 透过叙事治疗与团体、班级、社区工作
## 超越个人焦点的社群工作

目前为止,我们在本书中主要讨论咨询师如何在个别情境下,和学生协商他们与问题的关系。然而,叙事治疗并不认为单一个人是咨询过程唯一的焦点。主要因为没有一个人的生命故事只有单一作者或单一论述。个人的故事总是交织在大社会的脉络下。我们生命中所遭遇的问题是在社群中与他人互动当中所发展出来的。因此,我们也可以透过改变社群氛围或整个校园的学习情境去改变个人经验。

因此,我们相信叙事治疗的精神可以用以建立美国校园咨询的新模式。这样的新模式强调浅显易懂的引导、责任、和实证取向。它将扩大咨询视野,使咨询师不再受限于个别咨询情境。咨询师尽其最大努力服务于校园中受到忽略或"表现不良"的学生们,并尽力调整咨询服务的方式,满足不同族群的需要。

# 实践的责任

叙事治疗对于咨询服务过程的相关责任有强烈的使命感。这可能有别于一般校园咨询模式中的责任和资料收集过程。我们关心如何透过资料收集的焦点和方式，让学校行政单位建立对校园咨询的信任。这是更进一步的责任。咨询师在服务过程中首要考量的是来访者。这是一种对下的责任。我们应收集来自不同观众的故事讯息，而非单一讯息来源。行政人员和计划负责人特别关心成效，他们并不想知道咨询师工作过程的细节，他们只想知道成效为何。因此，资料收集的责任议题，在近年来更强调类实验法的方式，像是前后测试等。

> 咨询师在服务过程中首要考量的是来访者，这是一种对下的责任。

以下是我们针对此种研究法所提出的几个质疑：

### 1. 成效评估

针对咨询成效的相关资料，通常对于来访者和咨询师——在咨询服务过程中重要的参与双方——并不是很有帮助。对双方而言，重点通常在于咨询过程中，能够提升咨询服务品质的因子。这无法透过现有的统计法，在母群体中进行调查了解咨询服务是否对研究对象有所助益。这样的问句直接碰触责任议题，而非成效评估，原因是这种方式将导向咨询师在服务过程中是否有需要提升之处。这也指向结果导向评估与过程导向评估的差异（Patton，1990）。

## 2. 以学生做为研究对象的伦理议题

这是对叙事治疗师而言，必须考量的第二个重要议题。这是个伦理议题：如果我们将来访者转变为研究对象时会带来什么影响？后现代主义严重质疑研究过程将人视为"实验对象"所引发的"物化"问题，并在过程中失去对人应有的尊重。我们关心的是，校园咨询师如何运用责任的方式，在新一波的校园咨询运动中，以不失伦理保护和违反来访者最佳利益的原则，创造关于咨询结果成效的叙说。

## 3. 实证导向的咨询服务

第三，我们关心实证导向的咨询服务。关于如何收集支持校园咨询服务，以提供令人满意的成效，并在成效未尽理想时，加以调整。这个部分需要以更长篇幅加以说明。我们无意在此进行讨论。这是一个全然专业的实践历程。但并不代表咨询实务工作应全然受到实证研究结果的影响。我们关心的是在后现代思维对于几十年来心理学界研究法的质疑下，实证研究是否足以引领咨询实务工作。在

> 关于如何收集支持校园咨询服务，以提供令人满意的成效，并在成效未尽理想时，加以调整。这个部分需要以更长篇幅加以说明。我们无意在此进行讨论。这是一个全然专业的实践历程。但并不代表咨询实务工作应全然受到实证研究结果的影响。

我们看来，简化的观察实验法不足以涵盖认识论及意义创造的过程。资料若未经诠释是毫无意义的。而诠释总是由文化观点建构而来。因此，我们在此呼吁应谨慎对待研究过程的责任问题。近年来运用于鼓吹"新视野（new vision）校园咨询"运动的

研究法，我们不可不谨慎以对。

### 行动研究（action research）模式

我们相信在责任过程中，适合的研究模式并非基本的实验法，而是行动研究（Greenwood, 1998；Stringer, 2004）。此一研究模式包含探究咨询师、来访者、父母和行政人员在定义问题、咨询服务过程是否满足不同需求及进行方式，并邀请同一群人共同思考需要收集哪些资料，以及如何进行诠释。行动研究制定出：提供服务、资料收集和向资料学习、调整服务提供方式，并再次收集资料的循环过程。此一发展咨询、辅导工作的模式在确保责任上，十分有效。

> 行动研究制定出：提供服务、资料收集和向资料学习、调整服务提供方式，并再次收集资料的循环过程。

## 与大范围的学校社群工作

叙事治疗承袭家族治疗的传统，强调家庭作为"解释群体（interpretive community）"的角色（Paré, 1995）。但将核心家庭视为基本治疗单位的方式将无可避免地流于僵化、狭隘。学校、班级、社区、同学团体、社团、球队也是不断影响个人论述的社群。这些社群也影响着学生们的自我认同，并建构新的或重复过去的生命故事。为使在咨询过程中所建构的新故事能够持续发展、深化其重要性及影响，我们需要使之在学校（或其他）社群也开始生根、发芽，而不只是发生在来访者和咨询师之间。

这样的概念使学校咨询师的关注范围不仅限于前来进行个别咨询的来访者的内在世界。一旦与来访者发展出支线故事，

第五章 透过叙事治疗与团体、班级、社区工作

我们期待这样的支线故事能快速在来访者生活中继续扩展。我们期待其他人也能看到这样的故事。故事不能没有欣赏的观众。观众的功能在于见证并回应故事。对于故事的回应包含表达欣赏、鼓掌、加以传播或对于新故事的发展和演化做出贡献。

如果咨询师能够在个别咨询的过程中，带着此种宽广的视野，会带来什么样的影响？如果我们认为问题根源在于对话中交流的论述，那么就需在同一根源解决问题。进入咨询过程的来访者不只是单独存在、挣扎于自己想法、感受的个体。他们也是不同的对话和关系中的参与者。自我认同的改写，需要我们了解到自我认同的社会建构过程。新的自我认同需要被看见、感谢和发挥的舞台。以上所说都需要其他人的参与。因此，当新故事在咨询过程中浮现时，咨询师关注的是如何寻找观众。第一步是与来访者讨论生活中可以支持新的自我认同的人们。

> 进入咨询过程的来访者不只是单独存在、挣扎于自己想法、感受的个体，他们也是不同的对话和关系中的参与者。

以下是可以支持此一过程的问话：

- 在学校有谁听到你是可靠的（或努力的、或值得信任的）不会感到惊讶？
- 哪位老师会最先注意到你为改变付出的努力？
- 有没有朋友会支持你为远离麻烦而努力？
- 有没有人留意到你已经做到的？
- 如果继续这样发展下去，学校其他人会怎么看你？

以上所有问话都将其他人带入故事，使之成为欣赏故事发展的观众和助力。一旦发掘出观众之后，咨询师与来访者就能

一起讨论如何邀请观众参与新故事的发展。此时咨询师有几种发展故事的可能。所有可能皆是将内在对话的故事转化为人际互动的故事。换言之，是使故事迁移至论述世界中并加以发展。以下所有策略，都是为了延展努力的成果，并在学校社群激起新的涟漪：

- 邀请学生想像自己与他人进行一场对话。
- 为这场发生于未来的对话进行演练，以期让来访者更充分进入新故事的发展。
- 回想最近与此人的对话，并且进一步探索对话的意义。
- 邀请此人参与咨询过程，以进一步邀请他为新故事做出贡献。
- 事后寄送咨询记录并报告此人在新故事发展上的贡献。
- 透过文件见证学生的成就并将之发送给相关老师。
- 经学生同意后，邀请此人进入咨询，透过访谈强化学生的改变。

承诺遵守专业伦理的咨询师可能会考虑：上述做法，是否打破保密原则？叙事治疗绝非无视于助人的专业伦理。这些扩大咨询焦点的做法都必须事先征得来访者同意。在社群里传播支线故事的风险已然大幅降低，因为叙事治疗强调的是关于成就的故事，而非问题故事。事实上，为使人们成为能够欣赏故事的观众，通常不需要他们了解原本的问题故事。但需注意少数来访者对于公开化其能力与才能可能感到迟疑。

第五章 透过叙事治疗与团体、班级、社区工作

## 邀请专业同侪加入

叙事治疗师特别努力为支线故事寻找适合的观众。这可能意味着寻求来访者家庭成员、教师或其他学生成为支线故事发展的见证者和参与者。除了老师、父母与同学，照顾者、警卫、行政人员、教师助理、运动教练等校园社群的组成人员也是支线故事的潜在观众。这些学校社群的成员可能会对学生有着重要的了解，并可能丰富咨询室所发展的新故事。

或者可能根本没有个别咨询的存在。以下是此种工作方式的实例：

### Leon

Sean 是学校咨询师。当他听到 14 岁的 Leon 的情况时，感到十分忧心。老师提到 Leon 时没有一句好话。稍后，Sean 与 Leon 谈话并询问哪位老师没那么不喜欢他，哪一个科目他完成最多作业。Leon 很快说是他的数学老师。后来 Sean 除了与 Leon 谈话外，也与这位数学老师见面，并告诉他与 Leon 谈到关于数学老师的部分。数学老师对此感到惊讶和开心。Sean 接着询问老师有何秘诀让 Leon 可以完成最多作业。数学老师解释说他看到 Leon 身上有些被其他老师所忽略的特质，而他找到方法让 Leon 运用这些特质，并在课业上有更好的表现。

带着真诚的好奇，Sean 询问数学老师所看到的 Leon 身上的特质和教学方式。几天之后，他再次访问老师 Leon 在班级的表现。Leon 的成绩和行为都大幅进步。因此，

Sean询问数学老师是否愿意在会议中与其他老师分享他教Leon的心得。数学老师很愿意分享他的成功经验。其他老师在会议开始时是带着质疑的。但之后就显得对Leon不同面向的故事感到兴趣。这与之前的会议谈论Leon负面特质与行为的会议基调大不相同。

逐渐地，Leon的支线故事开始在校园里生根、发芽。他不能算是模范生，但至少在校园里，开始有不同的故事在发展着。Leon的行为和课业表现都大有进步。

有趣的是，Leon的进步不是透过直接咨询，而是透过咨询师与其生活中重要他人的工作而来。特殊意义事件与支线故事从数学老师回应咨询师的问话开始，而不是从Leon的分享而来。

家族治疗师一直强调透过系统工作，调整家庭结构与沟通模式的重要性。在学校社群调整结构与沟通模式的工作方式，对学校咨询师而言，是平行的任务，但学校系统又远比家庭系统复杂。学校系统的复杂性常使咨询师感到受挫。为了帮助学生而尝试改变学校，听来是沉重的负担。然而，我们可将学校系统的复杂性视为优势而非劣势。复杂意味着多元性。这意味着在校园某处必然存在着可以成为故事观众的社群存在（White, 1996）。解释群体愈多元，就意味着愈可能存在能够欣赏、支持的故事观众。此时咨询师的重要工作是找到、培养此种连结与观众。

## 运用对话促发学校改变

此一任务并不代表在校园内制造大范围的结构性改变。这并不在咨询师的工作范围内。然而,咨询师的专业训练在于对话的艺术。他们可以形塑发生在校园内的对话。在此,论述的概念特别有帮助。论述可以被看成在校园内流传、影响对话,并形塑参与对话者的想法。此种想法终将影响学校组织运作及社群互动。如果我们能够挑战并转化主流论述,咨询的影响将能透过校园生活的结构性改变而得以发挥。对于咨询师而言,致力于改变关于某些问题的论述,可能远比改变学校系统的组织架构要来得实际。

> 如果我们能够挑战并转化主流论述,咨询的影响将能透过校园生活的结构性改变而得以发挥。

在此一目标中,学校咨询师在校园社群中有其优势。学校咨询师身处于学校论述的洪流中,这是家庭治疗师与家庭工作时所没有的。更进一步而言,由于学校的来访者在完成咨询服务后,仍维持学校成员的身份。因此,学校咨询师有许多方法追踪结束咨询的后续发展。后续追踪可能是在走廊或老师办公室的简短交谈,亦或是一整节的咨询会谈。

当石头落入水池中,就将激起一圈圈的涟漪,朝向四面八方扩散。此一画面有助于了解叙事治疗师的关注方式(White, 1986)。咨询会谈可能是最初溅起的水花,但咨询师的工作必须确认新的故事在社群内持续流动、扩展。涟漪较水花持续时间长久,而且范围并不仅限于当下的池塘。有时新故事可能使整个水域都为之振动。本章以下的内容是如何透过涟漪效应引发整个学校社群的振动。这些内容都使叙事治疗的影响超越一对一咨询的范畴。

> 咨询会谈可能是最初溅起的水花,但咨询师的工作必须确认新的故事在社群内持续流动、扩展。

## 建立支持社群

咨询常假设来访者不关心其他面对类似困境的人。此一假设常使咨询师成为唯一克服问题的经验及知识来源。来自咨询师的分享常成为专家知识，并因此剥夺了来访者自身知识的发展机会。学生接受咨询时可以透过邀请分享彼此的智慧。这可以在保密原则及双方事先同意之下进行。此一方式可以建立支持社群，让人们在克服问题的过程中能够彼此关心、支持。

David Epston 和其他治疗师常在与面对厌食症的少女工作时，建立支持社群（Maisel, Epston, &Borden, 2004）。受到厌食与暴食所苦的人们通常很愿意分享他们为了能够存活、不受饮食问题控制的挣扎。他们形成了姐妹支持团体对抗主流论述中关于身体意象的影响，并同时借此改善她们的饮食问题。

### 保存成功的故事

与建立支持社群相关的，还包括如何在面对同一问题的人们之间建构成功故事、削弱问题故事的影响。此将成为受困于同一问题故事人们的激励。这可以透过咨询师与来访者共同的书写，并为其他来访者尝试摆脱问题故事影响的过程中，提供想法、支持。或者可以透过咨询师与来访者访谈的录像，帮助其他人了解当事人如何在暴食与厌食的掌控中，夺回生命主权。

### 建构、支持来访者的专家地位

发展支持社群同时也在满足另一个目的。它开启了改变咨询师与来访者关系位置的可能。从叙事治疗的观点而言,当来访者开始发展克服问题的专家知识时,咨询师的任务是小心地向此发展中的知识学习。换言之,咨询师开始向来访者学习,并依赖来访者的专家知识引导我们面对困境。此一探索的目的在于将面对改变的生命主权交还给来访者。另一个目的是建构不同的咨询关系,使来访者的观点得到重视。

在政治权力的意涵上,此种探索尝试建立来访者的专家位置。咨询师以来访者本身已有的智慧为顾问。此种顾问关系的形成可透过纯然的好奇或者是收集其他对来访者有所助益的讯息。无论以何种方式形成,咨询师的角色是抄写员或记录者而非真理的宣布人。就某个延伸的意义而言,关系中专业人员与来访者的政治权力位置得以转化。

> 咨询师的角色是抄写员或记录者而非真理的宣布人。

以下是曾经在校园内形成支持社群的几个主题:
- 厌食与暴食联盟
- 恐惧破坏者与怪兽驯服者俱乐部
- 反停学联盟
- 反骚扰自卫队
- 打击逃学联盟

### 反骚扰自卫队

在此值得一提的是,两个咨询师在校园中极具创意的工作方式。Aileen Cheshire 和 Dorothea Lewis(1996b, 2004)在新西兰 Auckland 的 Selwyn 学院工作。她们组织了学生的"反骚扰团队",对校园有着极大的影响。这体现了咨询师以宽广的视野进行校园工作，不仅限于个别咨询，而是着眼于校园的主流论述对于个人的影响。

此一方案关心的是校园内盛行于学生之间的暴力、欺凌与骚扰。Selwyn学院强烈反对暴力，并致力于打造零暴力的校园环境。于此同时，议员要求校方发展处理性骚扰议题的政策。反骚扰自卫队透过在校园内的同侪调解与宣传活动，关注所有语言、肢体、性暴力与骚扰。自卫队成员都经过严格训练，并成为校园纷争的调解人。自卫队的运作相当成功，学生们都以能够进入自卫队为荣，并争相加入。此一方案也赢得了国家教育部门的表扬。

这两位咨询师都是透过叙事治疗的概念形成自卫队。她们不吝于对学生分享他们处理冲突的丰富经验及专业知识。她们成为学生表达渴望非暴力校园行动过程中的训练师和支持者。学生调解员也承袭了此一精神。他们透过调解过程为其他学生在面对校园的暴力或骚扰的影响时，带来力量。一如团队的名字所代表的，他们主要的焦点在于打败骚扰的问题，而非谴责或羞辱个人。这是叙事的铭言："人不等于问题，问题才是问题。"调解成为在冲突发生后，支线故事发展以及提升关系品质的过程。自卫队的企图心很强，他们想要改变校园文化。

> 调解成为在冲突发生后，支线故事发展以及提升关系品质的过程。

以下这位学生的反馈，证实了自卫队在改变校园文化上的成就：

我在读这所学校之前常想，激烈冲突是生活的一部分。但我受够了。现在我知道有不同的可能。

## 团体工作

叙事治疗强调，当人们生命有不同发展时，欣赏故事的观众是重要的。这样的理念形成了团体工作的基础。团体直接提供支持社群，并且开启不同的人际关系以及生活方式的可能。新的自我认同也可以在进到真实生活之前，先在安全的情境下尝试、演练。问题使人孤立的影响在团体人际互动之下，消融殆尽。

更进一步而言，团体本身可以实践叙事理念。任何在发展新故事的团体，都可以在过程中为新故事命名并加以探索。我们可以有意识地创造较渴望的故事。透过符合主题故事情节及参与人物的描述，团体成员可以选择是否要扮演这样的角色。

我们也同样可以邀请团体在过程中演练问题故事，并加以外化，以确保没有成员为问题的影响而受到责难。举例而言，秘密、冲突或缺席都是可以探索的议题。社会主流论述在性别、种族或阶级的影响都可以在团体过程解构。我们可以探索问题故事对于个别成员的影响，同时摘要问题故事对于团体的影响并加以记录。

### 在校园建立新形象

Nancy Paulsen 运用叙事治疗的理念，发展出极具创意的团体方案。在学校因课业表现不佳而自信低落，或发生行为问题的学生需参与八次团体。团体主要的目标在于提升自信，并从"成绩低落"手中，拿回校园生活的主权。此一团体方案真正的创意在于协助学生成功地赢回自己想要的校园生活。

其中值得一提的是学生档案记录的累积。大部分学校的学生记录重点在于学业成绩。Paulsen 转换了档案记录的方式，收集学生在校园生活里的成功经验。她的记录内容包括：学生的及格学科分数、成功经验以及轶闻趣事。这些记录会在征得当事人同意的前提下，在团体里宣读。学生之间也会互相记录并分享。他们可以决定想要分享哪些关于自己和其他人的评论。

以下是 Paulsen 的八次团体方案，我们可以从中看出如何将叙事理念运用于校园的团体咨询工作。如此详尽的呈现是为了帮助读者了解如何透过团体工作实践叙事治疗的理念。后面我们将概略介绍其他的团体咨询方案。精熟专业的学校咨询师可以此为基础去发展适合自己工作岗位的团体咨询工作。

### 第一课
### 团体形成

1. 欢迎成员并解释团体目标。成员受到校园不同生活层面的影响。每个学生都在校园里面对不同的挑战。"我们每周会聚在一起互相支持、讨论如何面对这些挑战。"
2. 提醒成员，参与这个团体的目的是去"挑战自己的挑战"（团体形成前，咨询师与每个成员个别会谈，讨论此一团体是否满足其需要，并决定自己是否要参加。）
3. "除了以上这些原因让我们聚在一起，我们也要看到彼此在不同活动的参与过程中，所展现出来的优势、能力、希望和梦想。"

4. 每个成员都至少有两个不同的校园生活故事：问题故事通常会支配我们的经验，但还有另一个相对隐蔽的故事存在于我们的生活里。在这里，我们努力让第二种故事，这种带来力量的故事可以在我们自身、团体、家庭和校园里呈现。
5. 询问成员："关于这个团体或团体目标有没有什么疑问？"

就像在其他团体咨询的情境中，第一次的团体聚会需要与成员讨论团体互动与分享的规范。为了确保成员能投入共同创造团体经验的过程，咨询师应询问成员，在团体中，什么是合宜的行为（使得团体成员能够彼此尊重、倾听，遵守保密原则，发挥幽默等。）团体需要在这个方面发展出共同遵守的精神，以确保进行过程的顺畅。

### 活动一：自我介绍——点出支线故事

1. 在自我介绍之后，介绍活动目标并示范进行方式。
2. 询问成员是否可以文字记录团体过程。咨询师会记录成员的技能和兴趣。之后他们也会同样做记录。帮助成员了解咨询师将透过笔记尽力追踪所有成员两个不同故事的发展。他们也可以在任何时候阅读咨询师的笔记。
3. 自我介绍的方式：所有成员都将说自己的名字，并与团体分享他们的兴趣、爱好和喜欢从事的课外活动。
4. 比如说："我的名字是_____，我喜欢跳舞。"可以提示学生可能喜欢的课外活动包括篮球、烹饪、跟朋友聊天、玩滑板、阅读、骑脚踏车等。

5. 询问每个成员是否可以针对他们的兴趣或爱好进一步提问。

6. 在每个成员自我介绍后，提出以下重要的问话："在打篮球时，你需要有什么样的能力或特质？"（可能的答案包括练习、听从指导、观察其他人、愿意学习等。）

7. 咨询师记录成员的技能，作为日后发展支线故事时，可运用的资讯。

## 活动二：拟定最后一次团体聚会的庆祝仪式

1. 开始解释庆祝的意义。庆祝是对于成就或已完成目标的见证，像是成员挑战了他们目前所面对的挑战。庆祝不只是派对，虽然常常餐点会是其中一部分。

2. 每位成员可以带一个朋友与我们共同庆祝。邀请对象也可以包括父母或其他家庭成员、老师、行政人员等。

3. 每位成员在结束时将得到记录成就的证书。咨询师在颁发证书时，也会再次分享团体过程中所发掘的新故事。

4. 咨询师询问成员以下问题：
   - 你在学校面对哪些挑战？
   - 除了这些挑战之外，你期待在学校还能有什么不同的经验发生？
   - 你希望现状能有什么不同？

- 你觉得有什么样的发生是值得庆祝的？

5. 透过这些问话的回应，每个团体成员都会说出他们在最后一次团体聚会期待庆祝的会是什么。每个成员都会书写期待的结果，并且归入个人档案。

6. 过程中，咨询师有机会进行问题的外化。例如："所以多话小姐在数学课里赢过你了？"或者"所以捣蛋鬼在语言课里为你制造许多问题？"

7. 此一外化历程在帮助成员了解"成员本身不是问题，问题才是问题"的概念上是相当重要的。

## 第二课
### 咨询师在团体前的准备程序

1. 阅读每个成员的记录档案。
2. 浏览每个成员老师历年来的评语，并记录正向反馈。
3. 留意远离麻烦的故事和问题故事。
4. 将纸张分成两个栏位，分别记录问题故事和支线故事。
5. 如果老师的反馈是："Johnny 是个聪明的学生，但是……"将第一句评语放入支线故事的栏位中。例如："Johnny 是聪明的学生"是支线故事。抽取每一句评语中正向的部分加以记录，像是包含"但是"、"然而"或是"如果"等的句子。
6. 大部分老师对于经历困难的学生评语都会包括正负两面的评价。
7. 如果咨询师觉得没有足够的正向反馈，将自己对于学生的观察和其他老师对于该生的正面评价加入记录中。如有必要，与老师沟通学生的学习态度，例如"总是准时到课"、"全勤，没有缺席"、"积极"、"努力"、"对同学友善"、"充满尊敬"等。

## 活动一：运用档案累积持续发展支线故事

1. 协助成员了解本活动的目标，以及透过听见其他成员的正向故事给予支持。此一档案将归入学校个人档案。

2. 每个成员可能都有支配生活的问题故事，但他们也会注意到在个人档案中也有支线故事存在。询问他们是否想要了解自己的支线故事。

3. 在他们聆听自己的支线故事时，其他成员也会参与其中。"如果是念到你的故事，你的角色就是聆听者。如果不是你的故事，你要记录你所听见的。可以运用单字或片语，不必记下所听到的每个字句。不要担心写错字或来不及。"

4. 告诉团体成员，"当我念完一个"故事"之后，你们每个人会轮流念出你们记录的重要字句。"（其他成员的记录也将归入当事人的个人档案中。）

5. 咨询师大声念出每个成员的记录，并收集其他成员的笔记。有时学生可能难以相信他们所听见的正向评语。

6. 在其他成员分享完笔记内容之后，询问当事人，在听到这些时，最让他惊讶的是什么？

7. 其他可以运用的重要问句包括：
   - 有谁在听见这些优点或正向特质时最不会感到意外？
   - 我刚刚念的这些让你印象最深刻的是什么？
   - 让你最不意外的部分是什么？
8. 如果时间允许，邀请其他成员轮流说出让他们印象最深刻的部分。
9. 咨询师分享，在档案中有其他故事，但今天只专注在成员们在校园生活中，比较少被注意到的故事。
10. 邀请其他成员分享他们听到的。每个成员念完后，将笔记交给当事人，由当事人将之归入个人档案。
11. 咨询师也可询问，"在我念这些故事时，（当事人）在听的过程中，展现了哪些能力？"可能的答案包括聆听、专注、尊重等。
12. 咨询师将事先准备好的支线故事印送给每个当事人。

## 第三课

## 历　程

1. 与成员分享，本次活动与个人在第一次聚会时所分享的在学校面对的挑战有关。
2. 咨询师在每次团体聚会时记笔记，并且透过笔记提醒每个成员在第一次聚会中所提到的个人挑战。"还记得'爱说话和打断别人'吗？"
3. 咨询师邀请每个成员参考自己的档案中第一次团体聚会中关于挑战的分享。咨询师应确定每位成员都根据自己的判断，明确说出自己所面对的挑战。
4. 咨询师运用外化的语言讨论团体成员的挑战，以期将人与问题分开。透过问题的拟人化讨论其特征与生命。举例而言，咨询师可以说："打断让你无法专心于老师的教学上，是这样吗，Sam？"咨询师不会说："你的成绩不好是因为你一直打断老师，所以你就无法专心。对吗？"

**活动一：问题是独立的"个体"或"人"**

1. 发给学生空白纸张。学生在上面透过线条画出挑战的样子，例如打断、生气、欺凌等。这个样子可以是高、矮、胖、壮、秃头、长或短头发、大眼睛、大嘴巴等。
2. 接下来邀请学生将自己放进这个图画中。再次运用线条将自己放在相对位置上。
3. 咨询师邀请每个成员与团体分享他们的图画，并询问："在跟挑战比较之下，你有多大？"
4. 咨询师接着逐一询问成员几个重要的问题：
   - 在看这个图画时，谁比较大？
   - 这是你在学校经验到的跟欺凌的关系吗？
   - 大部分的时候，你是老大，还是欺凌是老大？
   - 欺凌是否在特定的时候会变大，在特定的时候会变小？
     a. 欺凌变大的时候，谁是老大？是你还是欺凌？
     b. 这是你想要的吗？

c. 在这样的情况下，你的渴望是什么？

5. 咨询师不带批判的接受学生此时的所有回应。咨询师也带着尊重记录学生的回应。

6. 邀请学生将图画归档。告诉他们团体将会再一次回到图画探索这些挑战的特征和目的上。事实上，下周就会进行这个活动。

## 第四课
## 历　程

告知学生他们今天将会为这些挑战制作面具，并且透过面具去访问挑战。面具的运用是将问题外化、拟人化的方法——将人与问题分开。接下来的两个活动可以透过两次聚会完成。

**活动一：问题（挑战）的面具制作**

1. 提供彩色的厚纸板、色笔和剪刀。
2. 成员将制作自己所面对的挑战的面具。邀请他们想像挑战的表情，例如害羞的或霸道的。进行约10至15分钟。
3. 示范制作面具的方法。卷起纸张四角，并且绘制脸部表情，代表他们的挑战。最后剪开眼睛和嘴巴。在下面粘贴小木条，让他们可以将面具拿在面部前方的位置。

## 活动二：访问问题（挑战）

1. 咨询师发给每个成员两到三张空白纸张。

2. 咨询师事先列好几个重要的问题。成员透过书写回应这些问题。这将让他们了解问题的性格、目的和特质。此一回应将协助咨询师与学生了解问题的影响范围。

3. 咨询师可以将此活动命名为对问题的秘密调查，或者由新闻记者采访问题或挑战如何掌控学生生活的专题报导。

4. 所有成员在过程中均需参与。在面具后面接受采访的学生要以问题或挑战的身份回答问题。

5. 此时其他成员的角色是"小记者"或"秘密之眼"，他们要仔细聆听。每个成员都会记录欺凌或打岔等问题的回应。稍后并分享他们对于访谈的观察记录。

6. 以下是访谈过程几个重要的问话，空白部分填入问题的名字或成员的名字：

    - _____（问题）先生，你是如何影响_____（学生）和老师的关系的？

    - 你是否也影响_____（学生）和他父母的关系？你是怎么做到的？

    - 当你可以成功地影响_____（学生）和他老师、和父母的关系时，你有什么感觉？

    - 你觉得这让_____有什么感觉？

    - 你对_____的成绩和行为有没有影响？

## 第五章 透过叙事治疗与团体、班级、社区工作

- 你如何影响_____的成绩？当你成功的影响_____的成绩时，会发生什么事？
- 你对_____的期待和梦想是什么？
- 你对_____的企图是什么？你觉得_____在两年之后会是什么样子？
- 你想要_____在学校看起来是什么样子？
- 你觉得这是_____想要的吗？
- 你喜欢_____吗？原因是什么？
- 在对_____的企图上，你有没有任何盟友？
- 在_____的朋友里，有没有人跟你对_____有一样的期待？
- 谢谢你跟我分享的内容，还有你的成功之道，_____先生。你愿不愿意未来再跟我说说？

7. 在每个访问结束前，让学生将面具放在一旁，并询问他们："你有没有听到_____先生说的什么是你之前没有听过，或是让你惊讶的？

8. 询问倾听者／记者以下的问题：
   - _____先生的特质是什么？直白、勇敢、愚蠢、善良、调皮、冲动，或其他？
   - _____先生对_____（学生）的计划是什么？
   - _____先生是如何影响_____和其他人的关系、成绩、和家庭？
   - _____先生的回答有没有什么让你惊讶的？
   - 你有没有学到问题如何在一个人的生活中运作？

9. 在团体结束前邀请每个成员写下今天的学习。邀请他

们完成以下句子:"今天我学到……"
10. 邀请学生分享他们所写的,并且将本次所有素材,包含面具等放入个人档案中。

## 第五课
## 历　程

1. 邀请每个团体成员找出"我的团队"。
2. 解释我们每个人都有自己的团队成员,可能由家人、朋友、老师和咨询师等组成。
3. 每个学生都有自己的团队,问题与挑战也有自己的团队。
4. 学生将列出自己的团队,在与问题与挑战对抗的过程中,在需要时就可以寻求团队的支持。
5. 注意团体成员也可能是队友。

**活动一:谁是你的队友?对手的团队有谁?**

1. 每个学生都会拿到有行线的纸张。请他们对折成两半。在其中一半写下标题:我的团队,另一半写下标题:对手的团队。
2. 请成员先在我的团队写下自己的名字,在对手团队写下问题的名字,做为两队队长。
3. 请学生在第一个栏位上列出自己团队的名单。所谓团队的意思是,支持并希望他在学校和家里都能过得很好。这些人不会惊讶他们有成功经验、能力、成就和渴望。帮助每个学生列出自己的团队。

4. 接着,访问学生,谁会在敌队?对手的队友可能包含真实生活中的人或其他的问题。这些都支持着对手的发生或存在。在第二个栏位写下敌队的队友。

5. 邀请学生从两队中挑选一位队员与团体分享。此时重要的问句是:"你为什么特别选择这个人(或问题)和大家分享?"

6. 其他可能的问句包括:
   - 有时候你会不会越界加入敌队?
   - 你的对手有没有要好的朋友,例如坏脾气或顽固?
   - 你的对手会如何说服你放弃自己的团队?对手是不是很狡猾?
   - 在你越界加入敌队的时候,你的队友有什么感觉?你有什么感觉?
   - 你的队友如何支持你挑战对手?
   - 你的队友在你身上看到什么,让他们愿意加入你的团队?

7. 可以透过以下问话做为此次团体聚会的总结:"你和你的队友有什么计策可以打败对手?"咨询师应将成员的回应一一记录下来。

8. 在结束前,可以再次邀请学生写下:"我学到……"的句子,并与团体分享。

## 第六课
## 历　程

1. 团体开始前，先从老师与其他支持团队收集该生在课堂上、在篮球队、在家或做为老师小助手的正向表现。咨询师可以透过电子邮件收集这些讯息，但重要的是得到书面回应。

2. 给学生空白纸张，请学生标注日期。请学生再次以线条作画，指导语如第三课第一个活动，第1～4项。

3. 接下来，请学生拿出第三次聚会时所绘制的图像。询问他们今天所绘制的挑战图像与第一次画的有什么不同。请他们比较这两次画的有什么相同或相异之处。

4. 重要的问话包括：这两幅图画的大小一样吗？如果是的话，他是怎么维持一样的？他用了什么方法或策略？如果问题有变大或变小，是什么让他不一样了？你做了什么让他变得不一样？你怎么做到的？你的队友在过程中扮演了什么角色？面对这个挑战，这是你想要有的影响力吗？为什么？你用了什么方法让挑战变小了？你以前有这样做过吗？那是什么时候？

5. 对学生以下的回应加以追踪。学生："我不知道自己怎么做到的。我只是...（保持安静，做我该做的，没有说话）"咨询师："要怎么样才能保持安静？我不是很喜欢安静，所以我得要提醒自己才能保持安静。你有提醒自己吗？你怎么做的？是有写下来什么吗？

第五章 透过叙事治疗与团体、班级、社区工作

还是有请老师给你秘密暗号？你是不是做什么让自己保持忙碌？你怎么做到的？如果你可以告诉我你做了什么的话，那帮我的"爱说话"安静下来。你想，你的对手会不会因为你没有注意到自己怎么击败他而从中得利？

6. 以念出老师们对于学生的长处和进步做为总结。咨询师必须确定每个学生都有一段属于自己的反馈。在念完反馈之后，印一份给当事人。

7. 结束前告诉学生，今天他们增加了更多支线故事的情节。他们发现了自己更多的力量和对付问题的方法。恭喜他们！

## 第七课
## 历　程

1. 提醒学生下次将举办庆祝会。提醒他们庆祝会与派对不同。他们这段时间以来面对问题的所有努力都将被表扬。

2. 提醒学生，咨询师将与每个人个别会谈，讨论他们这段时间以来的成就和未来可以继续拓展支线故事的方式。你将宣读档案里的资料和来自老师、支持团队所提供的正向进步的故事。

3. 每一个学生都将收到一张证书，表扬他们这段时间以来的成就和面对挑战的努力。

4. 鼓励学生邀请一个朋友或队友参加庆祝会。他们必须

告诉咨询师邀请的对象。受邀者将收到邀请卡。

5. 询问学生是否想要校长、副校长、处室主任或其他人参与下周的庆祝会。

6. 告诉他们,庆祝会将备有餐点。学生可以提他们喜欢的点心。

**活动一:回顾每个成员的支线故事**

1. 发给每个成员有行线的纸张。

2. 邀请每个成员检视其他成员在几次团体活动中所提供的反馈。包括档案记录、老师的评语、和挑战访谈与咨询师在访问两次绘制问题图像的比较。

3. 邀请成员在纸张上写下他们发现自己的长处、渴望和技能。

4. 邀请所有成员反馈他们在每个人身上所看到的长处或能力。

5. 邀请学生从记录中挑选他们想要留在证书上的项目。

6. 写下每个成员想要庆祝的部分。此一讯息将成为下周的证书内容。

## 第八课
## 历　程

1. 透过回顾学生档案中的每次团体记录、笔记回顾每个成员的支线故事。

2. 透过电子邮件连结老师和其他支持团队成员,收集学生最近拓展新故事的行动和表现。

3. 透过电话连系家长，询问学生的正向特质、长处、以及父母对该生的渴望及梦想。

4. 为每个成员准备证书。可以是现成的奖状形式或自行创作。证书应看来正式，并且与学校平时的奖状格式相同。

5. 预订餐点，或请志愿者或家长帮忙。

6. 邀请来宾。透过学生确认来宾的姓名并转交邀请函。

7. 邀请校长或其他行政人员加入学生在发展新故事时的支持团队。

8. 布置庆祝会的场地。

## 活动一：庆祝

1. 欢迎所有参与的来宾，并请所有人就坐。谢谢他们前来参加，共同庆祝团体成员的成就。

2. 与所有来宾分享团体经验及成员在过程中面对挑战及发展新故事的努力。

3. 在仪式及庆祝会中保持认真的态度。

4. 告诉所有人你将在会中单独与成员对话，颁发证书并询问受邀来宾为何愿意成为其支持。让来宾了解，在需要他们分享时，咨询师将在一旁帮忙。

5. 选择一位成员开始。从记录中分享她的故事。颁发证书。请大家鼓掌支持。

6. 邀请该生的朋友和其他团体成员分享为什么他们选择成为朋友。（例如，他们可能形容彼此是忠诚的、互相帮助的、互相信任的，或是好玩的。）
7. 依此方式让所有成员轮流上场。
8. 请大家享用餐点。鼓励用餐礼仪。鼓励所有成员做好主人，招待所有来宾。

## 成就故事方案

John Murphy（2006）在发表校园咨询方案时，透过录像发表了他对于学业成绩或行为大幅进步学生的访谈。他将之制成影片，与家长、教职员和学生分享。此种方式近似于运用不同来访者之间的故事，鼓励当事人面对挑战或为学业努力。这些来访者成为彼此面对类似困难时的顾问。他们也许会面对面见到彼此，但更多的是透过录像或录音记录他们的成功经验。成就故事方案运用了相同的理念。

成就故事方案的施行步骤如下：

1. 让所有老师知道此一方案，并且请每位老师推荐两位成绩或行为大幅进步的学生。他们的进步可能是单一面向，不需要是全方位的。此一方案主要针对在某一方面大幅进步但仍有可能回到过去旧模式的学生。

2. 每次学生访谈都进行录像。每次访谈大约8～10分钟。可能访谈问题如下：
   - 你在成绩或行为上的进步是什么？
   - 你是怎么做到让自己进步的？
   - 在最困难的时候，你展现了什么样的能力？
   - 如果有学生正在为同样的困难努力时，你会想要跟他们说什么？

在征得学生同意后，收集并流传这些故事，让这些学生的老师、家长、当事人、支持团队以及面对类似困境的学生去欣赏这些故事，他们将能从中受益。这些录像由学校保存，并成为未来老师、家长都能够运用的资源。

## "旅程"团体方案

Aileen Chesire 和 Dorothea Lewis 创新的"旅程"团体方案（Chesire & Lewis, 1996a），是另一个将叙事治疗运用在团体咨询的例子。"旅程"的团体方案是由想要经历全新自我的学生自愿参加。此一团体以"冒险"为基础，并在户外举办。此一方案与其他户外教育方案最大的差异在于强调改写这些学生的生命故事。

此一团体方案的特色之一就是小心准备让每个成员都能够参与其中。团体成员从15岁到18岁都能参加。主要邀请对象是已经开始改变或迫切想要改变的学生。报名者都会被问到以下的问题：

- 请告诉我吸引你报名参加"旅程"的原因是什么？
- 你身上有哪些特质可以帮助你成功？
- 在这些特质里，有哪些是你想要继续发展的？
- 在"旅程"结束后，你想要有什么不同？

以上问题开始邀请学生思考他们想要发展的支线故事，这个支线故事强调他们的长处、能力、优势。因此，治疗工作在团体方案一开始就引导朝正向发展。

有时访谈是透过书写的方式进行。对某些学生而言，参加

"旅程"是在被学校停学处分前的最后机会。

Andrew 就是这样的学生。他告诉 Aileen Cheshire："情况必须有所改变。我得要做些努力，因为现在整个情况一团糟。真的很糟。"

两位咨询师会询问像 Andrew 这样的学生以下的问题："如果'旅程'可以引领你到你想要的未来，那是什么样子？"或者"关于你想要自己改善的那些部分，你有没有什么想法？"

咨询师会仔细聆听 Andrew 认为自己需要改变的部分和他想要的未来。他们对于"旅程"对 Andrew 当下和未来所代表的意义保持好奇。

如果可能，"旅程"会邀请家人参与准备过程。家人可以帮助成员创造个人改变所需要支持、鼓励的环境。咨询师和 Andrew 的姑姑见面，并访问 Andrew 为自己设定的目标是不是她所期待的，或者有没有什么使她感到意外的。

她的回应是："我真的对他想要做的很惊讶。我觉得实在太棒了！。"

### 启程之前

申请通过的学员将进入两天的冒险体验课程，透过活动增强自信。在过程中，他们将对学员彼此和团体历程做出承诺。之后会有三次在校园的聚会，主要目标是为学员进入"旅程"准备、暖身。最后，学生会准备好 480 千米的旅程，在 10 天之内，他们将会步行、骑单车和划独木舟。

在启程之前的团体聚会，他们会一起观看大家初次进行冒险体验的课程录像。这提供成员们看见自己在团体中已然发生的改变。咨询师鼓励成员们为团体共同努力的经验创造意义。以下是此时可以运用的问话：

你如何形容此时的团体？

你有没有注意到，在两天结束之后，你和一开始的自己有什么不同？

这些问话让学员开始思考在两天课程前后自己经验的不同。

在开始踏上"旅程"之前，团体也要透过探索自己所面对的挑战做好准备。例如其他朋友的邀约可能打乱团体的步调、或是可能带来麻烦的个人习惯等。自我突破的概念可以在此时与成员分享，也可以询问成员想要在"旅程"中突破的是什么。团体成员可以探索在突破自我的过程中，如何相互支持。

### 经历"旅程"

接着是开始"旅程"。每天都由不同的学员担任带领者。每天开始时，都会透过故事或短文成为贯穿当日的主题，例如支持、新的开始、冒险、坚毅等。在进行至一半时，咨询师将与成员个别会谈。在个别会谈之前，成员们会看到自己在旅程中的发展。个别会谈将继续去发展较渴望的故事。咨询师的目标是协助学生进一步整理经验、想法和感受。以下是此时可能运用的问话：

- 过程中，你是否完成了什么是你开始时认为自己做不到的？
- 是什么让你可以完成的？
- 现在你看到这样的自己，你觉得它会为你带来什么改变？

这些问话经过仔细雕琢，务求让学生最深度的回顾自己的生活并进行反思。他们也会询问以下的"观众"问话，让学员可以透过重要他人的眼光来审视自己的经验：
- 你可以做到这些，谁最不会感到惊讶？
- 你觉得这个人现在会想要跟你说什么？

### "旅程"的反思

在旅程结束、成员返家后，小心准备、时时反思将可使较渴望的故事持续发展，进而改变生活。举例而言，Rachel报告说，在她回家之后，"这是第一次我不再放弃自己。我第一次开始帮助自己。我过去总是自我放弃。现在虽然有时候我仍想要，但我拒绝再放弃自己了！"

### 重新进入校园生活

"旅程"结束后的后续追踪是相当重要的。成员再次回到规律的校园生活。如果没有支持，新故事的力量可能在同辈压力的影响下快速消退。当学生们忙于适应学校生活时，他们也会继续参与团体聚会、个别咨询、家庭会谈和最后两天的密集工作坊。这些都是为了稳固他们在"旅程"中所发展的新故事和自我认同。每个学员都会拿到过程中自己的照片集、证书和来自咨询师的一封信。

咨询师认为"旅程"的成功是来自过去几年来参加学生的经验分享。他们说，活动结束一段时间之后，他们看到"旅程"对他们生命真正的影响。咨询师期待，这一段经验可以持续陪伴学生，继续创造他们生命旅程的意义。

## 愤怒处理（anger management）团体

愤怒处理一词有时是问题导向的，因为它暗示着个人内在愤怒的资源应被视为暴力行为。这是一种内化的思维。我们认为，人们常在学校透过暴力伤害他人，例如欺凌，并不是受到内在愤怒的经验驱动，而是认为其行为有正当性（Winslade & Monk, 2000）或者对于"暴力可被允许"有其合理化论述。尽管对此用语有所保留，在现今校园文化中，愤怒处理广为教师、咨询师与学生所熟知。我们因此沿用，并透过叙事精神进行愤怒处理团体。

### 愤怒处理团体的原则

咨询师在进行这样的团体时，心中有几个原则。首先团体领导员避免接受任何暴力或愤怒是理所当然的解释。第二，团体领导员假设：即使参与施行暴力，每个人都是受到暴力影响校园生活的个体。没有人在这样的氛围下能够置身事外。在不同的故事中，信念与行为的落差是被接纳的。第三，没有成员会以审判的立场去询问其他人"你为什么这么做？"相反地，问话的重点在于邀请他们（一旦在过程中浮现）强化非暴力的渴望。

### 团体初期

在团体开始时，肯定参加成员面对暴力议题的勇气，并探索他们参与团体的意愿。当然，某种程度他们并非自愿参与，但咨询师会去探索少部分的意愿，以连结整个团体。透过一般化的讨论方式，列举拒绝暴力的理由，以及暴力对于成员及其他人生活的影响。仔细探索人们被卷入暴力的方式，并解构支持暴力的假设。命名文化中支持暴力发生的论述，并探索其影响。所有的影响也有其限制，并针对这些限制加以探索。除了暴力的方式，人们还有不同选择。对于不同于暴力的反应方式进行描述和探索。绘制暴力的影响地图，包括其他人如何形容在校园中喜欢使用暴力的人，并询问成员是否喜欢这样的描述。

### 发展不同的自我认同故事

随着团体进行，逐渐打开发展不同的自我认同故事、与他们不同的关系连结以及拒绝暴力诱惑故事的发展可能。成员被邀请评估他们对于新发展的承诺意愿。在接下来的团体聚会中，探索他们采取行动发展新故事的努力。咨询师收集成功故事并探索背后的在地性知识。团体共同研究、思考成功的秘诀。咨询师也预告旧的故事再次发生的可能，他们也邀请学员思考如何击败可能让暴力发生的想法。（此一团体可以进行的问话，请参照第四章"与施虐的学生咨询"。）

### 远离麻烦团体

其他校园咨询师也曾与常犯校规的学生进行团体咨询。举办此种团体的原因是校方常要求这样的学生做出行为改变，如若不然，将施予惩处。但过程中，常未询问学生是否想要远离麻烦。这可能会令读者感到惊讶，但情况常是如此。

"远离麻烦"团体的发展是基于我们在第三章和第四章中勾勒的工作方式，只是改换为团体情境。我们建议此种团体组成人数不宜多，且事先要经过个别访谈小心征选。此种团体通常是在"人不是问题，问题才是问题"的基础上开始。麻烦在此团体中是以学员生活"访客"的形式呈现，而非自我认同的一部分。为探索学员与麻烦的关系，咨询师将询问："麻烦会跟着你进到不同的课堂里吗？它是从家里跟着你到学校吗？它还有没有从学校跟着你去哪里？"

团体接下来会仔细绘制麻烦在学生生活中以及对重要他人（包括父母、老师、朋友等）的影响地图。麻烦的影响经验被加以外化，并检视它与自我认同的关联。咨询师可能询问："在你的校园经验中，什么样的词语会用来形容经常被麻烦访问的学生？"接着咨询师会请学员评估这样的描述是否公平或有帮助，以及他们认为什么样的描述会较贴近他们渴望的自我认同？

咨询师邀请学员决定他们是否想要麻烦接管他们的校园生活，或者他们想要做自己的主人？学生们很少被问到这样的问题。老师、行政人员及家长在规范学生时，通常直接定义问题行为，以及学生需要做的改变。我们发现透过问话邀请学生思考他们自己的行为，并在和麻烦的关系中拿回自己的生命主权，可以协助他们有意识地决定改变，行为改变也较具有长期效果。然而一旦提出这些问话，咨询师也要准备聆听学生的回应，即使他们的答案可能不是周遭大人想要的。

如果团体成员愿意承诺改变他们在学校与麻烦的关系，他们接下来就要支持彼此发展支线故事。他们可以从彼此的成功经验中相互鼓励，并分享成功背后更贴近他们文化的常民智慧。他们也可以一起努力，共同面对重建名声的挑战。此时，有不同的方式开启支线故事。通常这样的故事入口是看到他们在麻烦相关故事背后的渴望。例如：

- 如果有人知道麻烦掌控你生活的故事，他们可能不会注意到的会是什么？你可以举一个例子说明吗？
- 什么时候麻烦会在你耳边耳语，引诱你、邀请你？你可以举一个例子说明你怎么回应，还有接下来发生了什么吗？
- 是什么想法让你想要麻烦停止掌控你的生活？
- 你怎么提醒自己不要受到麻烦影响的？

随着团体发展了越来越多这样的故事，咨询师可以邀请学员集合所有故事片段，撰写"对抗麻烦的秘诀"。

## 重组会员（Re-Membering）团体：悲伤团体

另一个成功透过叙事治疗发展的学生团体咨询的主题是悲伤团体。常常在校园里有少数学生经历了所爱的人的过世，他们可以参与悲伤团体并从中受益。此一主题的团体工作常需耗费咨询师的许多心力。

叙事治疗看待悲伤的方式，与其他将治疗工作目标放在接受死亡、与所爱的人道别并放下与死者的关系有所不同。通常在校园里的悲伤咨询是依循Kübler-Ross's的悲伤阶段（1969）或Worden（1982/1991）对于孩童或青少年的悲伤任务进行的。相反地，叙事治疗对于悲伤的基本假设是关系并未随着人的死去而结束。已逝的所爱之人仍然可以是生者"关系俱乐部"的一员（Hedtke & Winslade, 2004, 2005; White, 1989c）。因此叙事治疗主要的焦点在于"重组会员"，使已逝的所爱之人，仍可是生者生活的

> 叙事治疗对于悲伤的基本假设是关系并未随着人的死去而结束。

一部分，只是连结方式与死者生前有所不同。彰显此一焦点的对话被称做"重组会员的对话"。主要目标是协助经历悲伤的人们在与已逝的所爱之人在积极的重组会员的过程中，找到抚慰，而非被动等待悲伤的痛苦消逝。

Stephanie Granados, Megan De Witt 和 Silvia Macias 首先在校园中运用重组会员的方式进行丧亲团体。他们设计出六周的团体方案，并在团体初期让成员相互介绍他们已逝的所爱之人。他们在团体中讨论重要他人和文化在哀悼上所传递的讯息，并透过讨论这些讯息所带来的帮助和伤害进行解构。这样的分辨全然来自学生们的在地性知识。咨询师接着询问他们已逝的所爱之人在过世之前和过世后对他们生命所代表的意义。已逝的所爱之人的声音是如何继续影响成员，以及死者如何成为成员的生命资源。这样的对话使学生不再只专注于失落，而是他们生命仍然拥有的部分。

在中学的团体咨询中，重组会员会透过为已逝的所爱之人制作会员卡，并放置在钱包中来进行。咨询师将影印、缩小这些会员卡，使之便于携带。学生的反馈是这样的卡片很有帮助，痛苦的回忆转化为支持与鼓舞，以荣耀这些逝者，让他们的精神长存。

## 以班级为单位进行团体咨询

通常在学校社群中，班级会因为某种问题而闻名。例如，某个班级可能是吵闹、爱顶嘴、没有规矩或常迟到的。有时，特定的问题会存在于班级文化而非个人。嘲笑、贬抑或欺凌、威吓都是这种问题的代表。这样的问题可能使得班级许多学生不快乐。小团体之间也可能产生冲突，进而影响整个班级。

在上述情况中，个别咨询不是建立支线故事最有效的方式。进行班级辅导是较为有效的。我们同样运用叙事治疗的概念。透过一种不带指责的外化方式为问题命名并加以探索。问题而不是班级成员是班上不愉快的始作俑者。问题故事被视为部分真实而不是整个班级图像的全部。咨询师透过支线故事的发展避免以偏概全地看待整个班级。班级接着讨论他们较渴望的名声，咨询师也邀请老师们留意新的班级认同的发展。让我们透过以下有创意的班级辅导工作说明过程。

## 案例研究

学校心理学家 Pamela Gray-Yeates（1997）在当地一所小学进行叙事反欺凌的计划。她从一个关注欺凌与暴力的老师的班上开始做起。如果反应良好，她计划推广到整个校园和社区。她与 7～8 岁的学童进行为期五周，每周两次的班级辅导。

她先让班里同学自由发言，列出所有同学之间相处的阻碍。她记下所有学生提出来的想法，并且在下次进行时逐一核对是否正确。透过这样的方式，她已表达出学生的观点是重要的，是她认真看待的讯息。

透过这样的探索，欺凌被点明是班级的问题。所有的学生都说，他们曾经在欺凌当中有过担任加害者、受害者或被动目睹的经验。学生们在欺凌中不同的经验，使他们避免简化地将班上学生区分成欺凌的加害和被害两方。

### 勾勒问题轮廓

接下来，Pamela 透过访问学生，以勾勒欺凌的轮廓。她询问："欺凌和嘲笑最容易在哪里发生？"学生开始分享他们过去受到欺凌的故事，并且透过绘画表达欺凌对于自己以及同学们的影响。

Pamela 询问当一个小孩想要放弃欺凌，可能会有什么阻碍他？这样的问话有助于学生了解问题的力量，以及要挑战欺凌的"统治"是多么困难。她请学生以十级分的方式评估要根除欺凌的困难度。这样的评估方式未来还将进行两次，以了解学生对于创造非暴力班级的承诺程度。

### 视觉化目标图像

学生们被问到当欺凌离开学校，从地球消失时会是什么样子？她带领了视觉化的练习，使学生在过程中想像这对老师、家长和学生们而言，会是多么和平的环境。学生透过想像完成这样的视觉化图像。此时，主线问题故事与较渴望的支线故事之间的差异就扩大了。

### 重演过去行为

接着学生会参与玩偶演出。Pamela 从学生稍早分享被欺负的经验中撰写剧本。有着长长白发、绿眼睛、尖尾巴的欺凌怪兽出场。它主要的意图就是羞辱、嘲笑和攻击。玩偶剧很能吸引学生们的目光，因为内容与他们的真实经验有所关连。有些部分挑战着他们的行为。欺凌怪兽也有朋友，Lex 和 Tooch。Lex

长得像黄鼠狼，穿着粉红色的披肩，像鸟头的两旁有着长长卷卷的触角，和长长黑黑的舌头。Tooch 看起来有着苍蝇的大眼睛，网状的翅膀，听候欺凌怪兽的差遣。它的工作是嘲笑所有感觉自己被欺凌怪兽打败的学生。它会奚落并且虐待觉得自己像受害者的人。小孩会为这三个结拜兄弟写台词和剧本。

还有另外三个玩偶。一个是 Buffum，一个不分性别的小孩玩偶。他有着棕色皮肤和长长不整齐的头发。这个玩偶代表的是学校里平静的小孩。Buffum 也有两个朋友。Freelum 是好心的巫婆，她可以用咒语制止欺凌怪兽。学生们也为 Freelum 的神奇咒语写剧本。

天灵灵，地灵灵，看着镜子自己跑。
深呼吸，别害怕，自食恶果变枯萎！

Freelum 和 Buffum 的另一个朋友是小爱，她平静、善良，爱所有人包括可恶的 Tooch。小爱运用她这样的能力让欺凌怪兽和它狡猾的朋友无法施展。

### 打败问题

学生们接着演出欺凌怪兽被自己的邪恶打败的故事。其中一个情节是欺凌怪兽跟它的朋友分开，Buffum 拥抱它并且邀请它跟新朋友在一起，他们没有互相欺负仍然过得很开心！在学生演这些故事的同时，Pamela 邀请学生们从他们的经验中寻找和平、尊重的互动方式，并且对照伤害、欺负的方式。他们的剧本同时也按照符合社交技巧训练计划的情节发展演出。小孩透过演出展现出他们的常民智慧。

Pamela 在班上分享了一个故事，主题是关于小孩打败欺凌的方法。她接着询问，有没有什么时候，欺凌怪兽靠近他们但他们打败它的经验。Pamela 在新的非暴力的班级认同下，收集了这些故事。每个学生都有机会描述他或她怎么让欺凌怪兽变小的方法。接着，他们在一张大海报上面写下每个人打败欺凌怪兽的方法。玩偶剧后来又更细致地表现着欺凌怪兽和它朋友的互动。学生开始成为防治同辈欺负的专家，并且将他们的所学制作成暴力防治的宣传小卡。有些人成为了预防同辈欺负的班级干部。

这群学生接着开始通过录像展现他们让欺凌怪兽变小的专家知识。他们的知识也变成校园里反欺凌的宣传海报。他们还写了一封给家长的信，宣告班级反对欺凌的立场。

此时班级导师注意到班上同学的行为变化。他们可以在欺凌进入教室时，马上指出来。他们受到欺负时也不再自责。过去，许多小孩在被同学欺负时常常默不作声，因为他们以为只有自己被欺负。有时仍会发生小规模的欺凌事件，但老师觉得整个团体方案相当成功。有些家长反馈这个方案很有价值。一位家长注意到自己的女儿曾经长期因为种族问题被欺负。她致电学校，说自己的女儿不再因为遭到欺凌而自责，而且当欺凌再次发生时，她能够告诉别人。

在接下来的几周，老师持续询问学生他们为改善欺凌而采取的行动。她和 Pamela 很惊讶于学生们所展现的智慧。他们不再是被动的接收者，而是专家，他们热切地回答老师的询问。

## 班级辅导课程

通常学校咨询师的工作之一是针对辅导、心理教育、健康等主题进行班级辅导课程。叙事治疗取向的学校咨询师探索了许多运用叙事隐喻的精神进行班级辅导的进行方式。有许多不同的主题可以透过这样的方式进行，例如非暴力的同辈关系、药物教育、性教育等。运用叙事精神进行这些主题的班级辅导，第一步是解构主流文化论述，检视文化论述如何影响学生的理解和行为。接着是帮助学生发展较渴望的故事，以取代问题故事。较渴望的故事发展可以透过邀请学生探索自己的在地性知识，特别是常常被边缘化的学生们。较渴望的故事重视在地性知识甚于专家观点，以及重视收集多元化观点，而非将教导视为唯一的真理的主流社会规范。

Marie-Nathalie Beaudoin（2001）针对此一主题发展出"虫虫大作战（Bugging Bug）"的方案与小孩工作（Beaudoin & Taylor, 2004a）。在此方案中，欺凌和嘲笑的议题被外化命名成为"蛀虫"。在几周之内，咨询师建构出关于尊重与宽容的班级支线故事。透过不同的班级讨论、创意活动和家庭作业等方式建构出小孩渴望尊重而非欺凌的氛围。此一方案出版了小孩"虫虫大作战"的录像、故事，并在社区中流传、公开发表以荣耀他们的成果。

### 关于药物与酒的班级辅导

叙事外化问题的技术使得我们容易进行此类敏感、争议性主题的讨论。例如，关于药物与酒的健康教育可以透过问题拟人化的方式进行。我们可以运用社会剧的技巧例如"访谈问题(interviewing the problem)"（Roth & Epston, 1996）。以下是此一班级辅导活动的施行步骤。我们可以运用在了解记者会概念的高校或中学的学生的工作上。

1. 介绍主题，并与班级成员分享他们是少数得以访问药物的学生，所以"这是一个可以提出所有疑问的场合。"让他们了解，这个活动的目标在于透过问题而非个人观点去探索问题与人（例如班级成员）的关系。

2. 邀请两到三位学生扮演药物。指导他们不要以人的方式思考。暂时把自己当成药物，并思考他们透过记者会想要发表的讯息是什么。亦可以邀请单一成员扮演药物，但如果有三个人进行角色扮演将可增加角色的复杂性，因为药物本身有着不同的特性。例如，扮演药物的这个小组的其中一人可以聚焦在药物所带来的快乐、兴奋。另一个人极力说服观众，用药比实际面对问题快乐。邀请这三位成员回想药物对人的几种不同影响，并加以扮演。药物的角色发展可以透过某一情节发挥。此一情节应与班上同学的生活经验相关。

3. 指导其他班级成员扮演记者。他们的工作是对药物提问。他们可以先用几分钟的时间构想问题。他们的任务是透过提问帮助大众透过药物的观点了解人们用药的问题。

4. 表5.1列出记者可以询问的问题。这张表单可以事先印制发放给记者。

5. 进行约15分钟的访问，请记者们仔细记录药物的回答。

6. 在记者会收集了足够的药物用以影响青少年的战术后,可以中断访问改变话题。此刻,记者改变方向,询问药物的失败和担忧。青少年可以如何抗拒它的影响,使它无效?这是调查报导,所以鼓励记者们问出困难的问题,让药物不自在、害羞的问题。事实上,此时正在开启抗拒药物影响的支线故事入口(详见表 5.2)。

7. 当第二部分的访问完成后,所有班级成员再次回到自己的身份。要确认扮演药物的学生离开扮演的角色。去角色的过程是:请学生们站起来换位子,动一动身体把角色抖掉,并大声对班上说出三种自己跟角色的不同之处。

8. 课程的最后一个部分是讨论访问中出现的讯息。表 5.3 列出一些可以促进讨论的问话。

此活动过程是相当生动有趣的。它以不同的方式讨论问题,并重新检视被视为理所当然的假设。当然,也可以以相同的方式讨论其他主题。

### 表 5.1　探索药物问题的问话

- 药物的目的。
- 它对青少年生活的渴望与梦想。
- 它说服青少年加入的方式。
- 它达成目的的伎俩。
- 它喜欢听见青少年说的或做的?
- 它的朋友或同盟?
- 什么让它容易得逞,什么会为它制造困难?

表 5.1（续）

问话举例

- 药物，你最喜欢用什么样的方式进入一个人的生活？在什么样的情况下，你比较容易说服青少年加入你的行列？你容易找上什么样的人？

- 当这些青少年犹豫要不要听从你的时候，你会跟他们保证什么？

- 如果人们开始服从你的指令时，你对他们生活的计划是什么？

- 你尝试说服人们怎么看待自己，使他们更容易听从你？

- 你对女孩和对男孩有没有什么不一样的策略？

表 5.2　改写药物故事的问话

- 青少年用以挫败药物，并且最能保护自己生命主权的方法。
- 青少年曾经成功抵抗药物影响的故事。
- 威胁药物对青少年影响的因素。
- 药物对抗这些威胁的计划。

问话举例

- 你不喜欢听到青少年们说什么？
- 什么会真的让你生气或损耗力量？
- 告诉我们你最失败的经验。青少年是怎么做到让你想放弃的？

表 5.3　反思的问话

- 扮演药物是什么感觉？扮演记者是什么感觉？
- 在访问的过程中，什么是最让你感到惊讶或有趣的？
- 与药物的这一段对话和其他你过去关于问题的讨论有什么不同？
- 从这段访谈中，你会带走什么对你未来有帮助的？

## 开始与学校对话

叙事治疗师对于学校社群的独特文化必须保持警觉。咨询师必须仔细聆听学校的语言并看到潜藏其中的论述，特别是构成校园生活的主流文化的论述。其中有些可能普遍存在于许多学校脉络中，有些可能是属于此一校园的地域性文化。

就某个角度而言，咨询师的工作对象是整个校园。咨询师可以去倾听校园的讯息。这意味着倾听主流故事如何影响校园中的所有人，包括学生、老师、家长以及行政职员。在校园中，必然存在着某种论述可以促成非问题导向的关系、认同建构方式。但咨询师却常常听到不幸、挫败或不公在校园内不断重演。

> 就某个角度而言，咨询师的工作对象是整个校园。咨询师可以去倾听校园的讯息。

## 顾问与倡导

不是所有的议题都适合以个别咨询的方式进行。咨询师可以在学校里扮演重要的改变促进者。这样的理念却引发质疑：你如何让整个校园开始对话？倡导与顾问，而非治疗者的身份较符合此一概念。同样的叙事概念可以引导我们完成这样的专业任务：倾听问题、绘制影响地图、寻找特殊意义事件、培养支线故事。

### 种族议题

一位高中咨询师关心着校园内种族议题的影响。他与校内关心同样议题的戏剧老师合作。他们一起邀请学校剧团共同创作出一个剧本，描绘种族主义对于人们的影响。他们运用了前面所描述访问问题的形式，剧团里有几个人扮演拟人化以后的种族主义。剧团其他成员访问种族主义对于中学生的想法与渴望。如此一来，所有参与演出人员以一种不谴责任何人的方式，开启了种族主义运作的论述。外化的对话以一种戏剧的形式呈现。

他们也探索了种族主义的影响被削弱，或者学生们采取对抗立场的情境。结果，从中学生的经验及智慧中，发展出以机智、幽默的戏剧呈现种族主义的影响受到打击的剧情。此一戏剧在学校大会堂公演。之后，学校咨询师进到班级与学生讨论如何继续发展不受种族主义影响的支线故事。

以上段落描述了学校咨询师如何跳脱传统咨询架构，进行校园宣导的例子。其主要目标与个别咨询提升学生校园生活品质的目标一致。还有其他各种方式可以完成此一任务。

### 停学议题

学校咨询师 Lynn 针对 Maori 学校的学生停学率发展出另一个工作方式。她认为这可能是 Maori 社区共同关心的议题，但却从未在校园被讨论过。她对此情况的回应是争取参加 Maori 女性福利促进会（一个国家级的民间福利机构）。虽然促进会开始时曾对 Lynn 参与会议的动机有所疑虑，例如她是代表学校来监督社区的吗？但之后却十分欢迎她的参与。她在会中用心聆听社区对于校园现象的关心，并将社区的关心传递给学校。她开始有计划地邀请校方重视社区的关心，以及学校里因为种族隔阂影响而造成的停学现象。

## 系统沟通与文献记录

另一个与整个学校工作的方式是透过系统沟通和文献记录发挥叙事的效果。学生记录是只记载学生的问题故事，还是能够包括开启不同可能的支线故事？系统沟通和记录文献是概括性地描述一个人，还是能够欣赏一个人的不同面向？他们是将问题归咎于个人本性，还是也考虑到周遭环境的权力运作对人的影响？他们是重视专业责任，还是只是一面倒地只支持老师、行政职员、和咨询师的看法，而牺牲学生们的权益？他们是让学生的声音也有机会呈现，还是只给予成人发声的特权？

透过以上问题，将引领咨询师开始重新思考行政程序以及记录方式，使之能够兼容并蓄、尊重多元文化，长期下去，能够更加民主。这样的工作将使新故事更能够在校园中不断回响。以组织的角度而言，这是具有治疗效果的。

> 不只是促成个人生活改变或系统结构改变，叙事治疗的观点着重在个人生活中和组织结构中所制造的故事和社会论述的转化。

不只是促成个人生活改变或系统结构改变，叙事治疗的观点着重在个人生活中和组织结构中所制造的故事和社会论述的转化。这样的观点使我们能在面对结构的限制时，仍保持乐观，因为它引领我们看见支线故事、特殊意义事件以及多元论述的存在。以上三者，即使有时仍十分隐微或未臻成熟，只要不放弃努力地寻找，一定能发掘带来希望的特殊意义事件。透过努力，这些梦想终将成为真实经验的生活故事。这是叙事治疗之所以如此强而有力的原因。

## 结语

故事或论述创造了人们的生活，这不只是一个简单的理念，如果我们认真对待，将能看出它深远的影响。将故事与真实视为具有同等影响力的观点，相比执着于真实或实际发生的看法，前者开启了更大的可能性。于此同时，叙事治疗的思考不应只是看成天真的乐观主义，而失去与真实生活中危急和变化的连结。叙事治疗中的乐观和热忱是以人们生活中权力动作方式的严谨分析为基础的。寻找并发展支线故事，并不是去虚构一个瑰丽的梦想，而是使已然存在的故事再次被看见、被发展。发掘并贴近已然存在的新可能，确保了叙事治疗的乐观与真实生活的可能性能够紧密连结。

> 叙事治疗中的乐观和热忱是以人们生活中权力动作方式的严谨分析为基础的。

我们希望在本书中所列举的工作实例，能够清晰地呈现出，我们所倡导的叙事治疗方法在观点的转变过程中，可能会有些尖锐，甚至戏剧化的。这些转变能够给人们的生活带来重要的影响。它们能使我们的生活真正改变。

# 参考文献

Adair, V., & Dixon, R. (2000). *Evaluation of the restorative conferencing pilot project: Report to the Ministry of Education.* Auckland, Australia: Auckland Uniservices.

Bateson, G. (1972). *Steps to an ecology of mind.* New York: Ballantine.

Bateson, G. (1980). *Mind and nature: A necessary unity.* New York: Bantam.

Beaudoin, M.-N. (2001). Promoting respect and tolerance in schools: Addressing bullying in schools with the "bugging bug" project. *Journal of systemic therapies, 20*(3): 10–24.

Beaudoin, M.-N., & Taylor, M. (2004a). *Breaking the culture of bullying and disrespect, Grades K-8: Best practices and successful strategies.* Thousand Oaks, CA: Corwin Press.

Beaudoin, M.-N., & Taylor, M. (2004b). *Creating a positive school culture: How principals and teachers can solve problems together.* Thousand Oaks, CA: Corwin Press.

Berg, I. K. (1991). *Family preservation: A brief therapy workbook.* London: Brief Therapy Press.

Bruner, E. (1986). Ethnography as narrative. In V. Turner & E. Bruner (Eds.), *The anthropology of experience* (pp. 139–155). Chicago: University of Illinois Press.

Bruner, J. (1986). *Actual minds, possible worlds.* Cambridge, MA: Harvard University Press.

Cheshire, A., & Lewis, D. (1996a). The journey: A narrative approach to adventure-based therapy. *Dulwich Centre Newsletter, 4,* 7–16.

Cheshire, A., & Lewis, D. (1996b). *Taking the hassle out of school: The work of the anti-harassment team at Selwyn College.* Auckland, New Zealand: Selwyn College.

Cheshire, A., Lewis, D., & the Antiharassment Team. (2004). Young people and adults in a team against harassment: Bringing forth student knowledge and skill. In D. Paré & G. Larner (Eds.), *Collaborative practice in psychology and therapy* (pp. 121–132). New York: Haworth.

Derrida, J. (1976). *Of grammatology* (G. C. Spivak, Trans.). Baltimore: Johns Hopkins University Press.

de Shazer, S. (1988). *Clues: Investigating solutions in brief therapy.* New York: Norton.
Drewery, W., & Winslade, J. (2005). Developing restorative practices in schools: Some reflections. *New Zealand Journal of Counselling, 26*(1), 16–31.
Fisch, R., Weakland, J. H., & Segal, L. (1982). *The tactics of change: Doing therapy briefly.* San Francisco: Jossey-Bass.
Foucault, M. (1973). *The birth of the clinic.* London: Tavistock.
Foucault, M. (1979). *The archaeology of knowledge.* London: Penguin.
Freeman, J., Epston, D., & Lobovits, D. (1997). *Playful approaches to serious problems: Narrative therapy with children and their families.* New York: Norton.
Freire, P. (2000). *Pedagogy of the oppressed.* New York: Continuum.
Gergen, K. J. (1985). The social constructionist movement in modern psychology. *American Psychologist, 40*(3), 266–275.
Gergen, K. J. (1990). Therapeutic professions and the diffusion of deficit. *Journal of Mind and Behavior, 11*(3-4), 353–368.
Gergen, K. J. (1994). *Realities and relationships: Soundings in social construction.* Cambridge, MA: Harvard University Press.
Gray-Yeates, P. (1997). *Re-authoring classroom identities: A narrative approach to working with children in the prevention of peer abuse.* Unpublished master's thesis, University of Waikato, Hamilton, New Zealand.
Greenwood, M. L. (1998). *Introduction to action research.* Thousand Oaks, CA: Sage.
Hedtke, L., & Winslade, J. (2004). *Re-membering lives: Conversations with the dying and the bereaved.* Amityville, NY: Baywood.
Hedtke, L., & Winslade, J. (2005). The use of the subjunctive in re-membering conversations. *Omega, 50*(3), 197–215.
Hoffman, L. (1992). A reflexive stance for family therapy. In S. McNamee & K. Gergen (Eds.), *Therapy as social construction* (pp. 7–24). Newbury Park, CA: Sage.
Hoshmand, L. T., & Polkinghorne, D. (1992). Redefining the science-practice relationship and professional training. *American Psychologist, 47*(1), 55–66.
Jenkins, A. (1990). *Invitations to responsibility: The therapeutic engagement of men who are violent and abusive.* Adelaide, Australia: Dulwich Centre Publications.
Kübler-Ross, E. (1969). *On death and dying.* New York: Macmillan.
Maisel, R., Epston, D., & Borden, A. (2004). *Biting the hand that starves you: Inspiring resistance to anorexia/bulimia.* New York: Norton.
McMenamin, D. (2004). Talking about knowing-with (like a team!). In D. Paré & G. Larner (Eds.), *Collaborative practice in psychology and therapy* (pp. 97–108). New York: Haworth.

Mirsky, L. (2003). *Family group conferencing worldwide* (parts one, two, and three). International Institute for Restorative Practices. Retrieved February 20, 2004, from www.iirp.org

Murphy, J. J. (2006). *Solution-focused counseling in middle and high schools.* Alexandria, VA: American Counseling Association.

Nylund, D. (2000). *Treating Huckleberry Finn: A new narrative approach to working with kids diagnosed ADD/ADHD.* San Francisco: Jossey-Bass.

O'Hanlon, W., & Weiner-Davis, M. (1989). *In search of solutions.* New York: Norton.

O'Hanlon, W. H., & Wilk, J. (1987). *Shifting contexts: The generation of effective psychotherapy.* New York: Guilford.

Paré, D. (1995). Of families and other cultures: The shifting paradigm of family therapy. *Family Process, 34*, 1–19.

Patton, M. Q. (1990). *Qualitative evaluation and research methods* (2nd ed.). Newbury Park, CA: Sage.

Restorative Practices Development Team. (2004). *Restorative practices in schools: A resource.* Hamilton, New Zealand: School of Education, University of Waikato.

Roth, S., & Epston, D. (1996). Consulting the problem about the problematic relationship: An exercise for experiencing a relationship with an externalized problem. In M. Hoyt (Ed.), *Constructive therapies II.* New York: Guilford.

Stewart, B., & Nodrick, B. (1990). The learning disabled lifestyle: From reification to liberation. *Family Therapy Case Studies, 5*(1), 61–73.

Stringer, E. (2004). *Action research in education.* Upper Saddle River, NJ: Prentice Hall.

Stuart, B. (1997). Sentencing circles: Making "real differences." In J. Macfarlane (Ed.), *Rethinking disputes: The mediation alternative* (pp. 201–232). London: Cavendish.

Umbreit, M. (1988). Mediation of victim-offender conflict. *Journal of Dispute Resolution, 85*, 85–105.

Vygotsky, L. (1986). *Thought and language* (A. Kozulin, Trans.). Cambridge, MA: MIT Press.

White, M. (1986). Negative explanation, restraint and double description: A template for family therapy. *Family Process, 25*(2), 169–184.

White, M. (1989a). The externalizing of the problem and the re-authoring of lives and relationships. *Dulwich Centre Newsletter* [Special edition, Summer 1988–1989], 3–21.

White, M. (1989b). The process of questioning: A therapy of literary merit? In *Selected papers* (pp. 37–46). Adelaide, Australia: Dulwich Centre Publications.

White, M. (1989c). Saying hullo again. In M. White, *Selected papers.* Adelaide, Australia: Dulwich Centre Publications.

White, M. (1992). Deconstruction and therapy. In D. Epston & M. White (Eds.), *Experience, contradiction, narrative & imagination* (pp. 109–152). Adelaide, Australia: Dulwich Centre Publications.

White, M. (1995). *Re-authoring lives: Interviews and essays.* Adelaide, Australia: Dulwich Centre Publications.

White, M. (1996). Schools as communities of acknowledgement. *Dulwich Centre Newsletter* (No. 2 & 3), 57–59.

White, M. (2000). Re-engaging with history: The absent but implicit. In M. White, *Reflections on narrative practice: Essays & interviews.* Adelaide, Australia: Dulwich Centre Publications.

White, M., & Epston, D. (1990). *Narrative means to therapeutic ends.* New York: Norton.

Winslade, J., & Monk, G. (2000). *Narrative mediation: A new approach to dispute resolution.* San Francisco: Jossey-Bass.

Worden, J. W. (1982/1991). *Grief counseling and grief therapy: A handbook for the mental health practitioner* (2nd ed.). New York: Springer.

Zehr, H. (2002). *The little book of restorative justice.* Intercourse, PA: Good Books.